Die Projektleiterinnen Anja Kotter (letzte Reihe, 3. v. R.) und Silke Kramarz (letzte Reihe, 3. v. L.) inmitten des Projektkurses Geschichte/Sozialwissenschaften 2012/13 der Clara-Schumann-Gesamtschule Kreuztal

Folgende 11 engagierte Schülerinnen und Schüler der Clara-Schumann-Gesamtschule Kreuztal waren am vorliegenden Buchprojekt beteiligt:

Lena Bothur

Angelika Britner

Zühal Dogan

Selina Heinrich

Diana Jandretzki

Selma Lagumdzija

Clara Luisa Mai

Sheila Meier

Mario Noack

Jasmin Stimper

Laura Werthenbach

Bibliografische Information der Deutschen Nationalbibliothek

Die Deutsche Nationalbibliothek verzeichnet diese Publikation in der Deutschen Nationalbibliografie; detaillierte bibliografische Daten sind im Internet über http://dnb.d-nb.de abrufbar.

Originalausgabe, Juni 2014
© 2014   edition riedenburg
Anschrift   edition riedenburg, Anton-Hochmuth-Straße 8, 5020 Salzburg, Österreich
E-Mail   verlag@editionriedenburg.at
Internet   editionriedenburg.at

Dieses Buch enthält copyrightgeschützte Fotos aus Archiven und anderen öffentlichen Einrichtungen, von Privatpersonen sowie der Firma ThyssenKrupp Steel Europe. Es gelten die entsprechenden Bestimmungen.

Umschlaggestaltung, Satz und Layout: edition riedenburg
Bildnachweis: Hochofen auf Cover © industrieblick – Fotolia.com
Herstellung: Books on Demand GmbH, Norderstedt

ISBN 978-3-902943-50-7

Anja Kotter
Silke Kramarz

unter Mitarbeit des Projektkurses
Geschichte/Sozialwissenschaften 2012/13
der Clara-Schumann-Gesamtschule Kreuztal

«Uff dem Hamer»

Arbeit im Wandel der Zeit:
Das Walzwerk Kreuztal-Eichen im Portrait

Inhaltsverzeichnis

Vorbemerkungen

Luftbild des Walzwerks Eichen, 1928 (Hüttenwerke Siegerland, Aktiengesellschaft Siegen I.W. S.18. ThyssenKrupp Archiv.)

Schule soll auf das Leben vorbereiten. In der Oberstufe sollen die Schülerinnen und Schüler lernen, wissenschaftlich zu arbeiten, damit sie später auch erfolgreich studieren können. Die Idee der Projektkurse ist es, dies alles in einem Team praktisch und ergebnisorientiert umzusetzen.

Unser Projektkurs Geschichte / Sozialwissenschaften hat sich dem anspruchsvollen Thema „Wandel der Arbeitswelt im Siegerland" verschrieben, mit dem Ziel, die Chancen für eine fachübergreifende Zusammenarbeit, die in diesem Thema stecken, auszuloten und zu nutzen. Einmalige Chancen boten sich hier durch unsere langjährige fruchtbare Kooperation mit der ThyssenKrupp Steel AG. Unsere jungen Forscher bekamen hier Einblicke in Archivmaterial und Kontakte zu Zeitzeugen. Öffnung von Schule wurde hier durch Öffnung des Betriebes ermöglicht. Lernen einmal anders konnte so von unseren Schülerinnen und Schülern praktisch erlebt werden.

Das Ziel eines Projektkurses ist ein vorzeigbares Ergebnis zu präsentieren. Dieses Buch ist wahrlich ein solches Ergebnis. Mit diesem Kurs ist unseren Schülerinnen und Schülern und den beteiligten Kolleginnen ein „Leuchtturmprojekt" gelungen, worauf sie zu Recht stolz sein können. Herzlichen Glückwunsch!

Ohne die Mithilfe unseres Kooperationspartners, der ThyssenKrupp Steel AG, wäre die Erstellung dieses Buches nicht möglich gewesen. Im Namen unserer Schülerinnen und Schüler bedanke ich mich hier ganz herzlich.

Allen Lesern wünsche ich interessante Einblicke in den „Wandel der Arbeitswelt im Siegerland".

Oberstudiendirektor Christian Scheerer

Schulleiter der
Clara-Schumann-Gesamtschule Kreuztal

Clara-Schumann-Gesamtschule Kreuztal (Christian Scheerer)

„Uff dem Hamer" – Arbeit im Wandel der Zeit

„Zahlreiche Schulen kooperieren mit Unternehmen in ihrem jeweiligen Umfeld. Wir brauchen mehr von dieser Zusammenarbeit, die darauf abheben muss, das gegenseitige Verständnis zu fördern. Es ist allemal sinnvoller, miteinander Dinge nach vorne zu treiben, statt übereinander bestenfalls unhaltbare Vorurteile zu verbreiten."

So lautete ein Zitat aus dem Vortrag des IHK Präsidenten in Siegen, Herrn Klaus Theodor Vetter, bei dem schulreformpolitischen Fachgespräch „Wie gut bereitet die allgemein bildende Schule in Nordrhein-Westfalen auf das richtige Leben vor?".

Herr Vetter hat mit diesen Worten sicherlich einen wichtigen Punkt angesprochen, der auch für unsere Oberstufe relevant ist. So haben wir mit Thyssen Krupp einen hervorragenden Kooperationspartner für unseren Projektkurs im Jahrgang 12 gefunden. In der mehr als ein Jahr dauernden Projektarbeit konnten die Schülerinnen und Schüler ihre unterschiedlichen Fähigkeiten stärken und ihr Sachwissen auf unterschiedlichen Ebenen ausbauen und erweitern.

Gerade das heterogene Schülerklientel unserer Oberstufe, welches erfahrungsgemäß ebenso heterogene gesellschaftliche Wurzeln und Elternhäuser besitzt, fand sich in diesem Projekt sehr aufgehoben, da gerade das Thema „Wandel der Arbeitswelt" für viele Schülerinnen und Schüler des Projektkurses historisch beleuchtet werden konnte, aber auch zum heutigen und zukünftigen Lebenswert der Schülerinnen und Schüler dazugehören wird.

Es freut mich ganz besonders, dass die Teilnehmer des Projektkurses ein so großes außerschulisches Engagement gezeigt haben und sich in vielen Stunden auch außerhalb des regulären Unterrichts mit der Erarbeitung des Themas beschäftigt haben, was letztendlich zur Zusammenstellung dieses Buches führte, das die Arbeit der Schülerinnen und Schüler dokumentiert.

Ganz besonders danke ich den engagierten Kolleginnen Frau Anja Kotter und Frau Silke Kramarz, die den Projektkurs übernommen und erfolgreich begleitet haben.

Solche kooperativen Projekte machen deutlich, dass wir das Interesse unserer Oberstufenschüler an der Clara-Schumann-Gesamtschule besonders mit solch einer Form von Projektarbeit wecken konnten. Denn dies ist sicherlich eine hervorragende Methode, unsere Schülerinnen und Schüler auf das „richtige Leben" vorzubereiten.

Corie Sting

Oberstufenkoordinatorin der
Clara-Schumann-Gesamtschule Kreuztal

Liebe Leserinnen und Leser!

Vor Ihnen liegt das Werk „Uff dem Hamer' – Arbeit im Wandel der Zeit: Das Walzwerk Kreuztal-Eichen im Portrait". Herzlichen Glückwunsch an die Autoren – Schüler und Lehrer der Clara-Schumann-Gesamtschule Kreuztal – für diese gelungene Arbeit, die sich mit der Geschichte unseres Unternehmens am Standort Siegerland beschäftigt.

Das Buch dokumentiert eindrucksvoll und lebendig, wie sich der „Eichener Hamer" von einem kleinen Hammerwerk aus dem 16. Jahrhundert zu einem modernen Hersteller von hochwertigem Qualitätsflachstahl entwickelt hat. Heute ist er einer der größten Arbeitgeber der Region und unterhält Kundenkontakte nach ganz Europa.

Einen wichtigen Beitrag zu dem unternehmerischen Erfolg leisteten früher wie auch heute die Menschen, die zum Unternehmen gehören. Sie haben in Zeiten politischen und wirtschaftlichen Wandels nie resigniert und Veränderungen stets als eine Chance zur Verbesserung gesehen. Über ihren Stellenwert finden wir im zweiten Teil interessante Beiträge – geschmückt mit zahlreichen Zitaten interessanter Gesprächspartner – unter anderem zu den Themen Ausbildung, Beschäftigung von behinderten Menschen, betriebliche Mitbestimmung oder auch Arbeitszufriedenheit.

Sie merken, dass hier ein spannendes Buch mit viel Fleiß und Engagement aller Beteiligten entstanden ist, das nicht nur an der Oberfläche kratzt, sondern tiefer eintaucht in das Leben und Werken rund um den Eichener Hamer.

Ich wünsche Ihnen viel Spaß beim Lesen und viele neue Erkenntnisse!

Dr. Andreas Zaum

Werksdirektor Walzen und Veredeln
Dortmund / Finnentrop / Siegerland / Color

Marktplatz der Stadt Kreuztal (Thorsten Bölck)

„Was ist Arbeit? Lebensunterhalt? Beschäftigung? Oder das, was das Leben ausmacht? Es ist alles das und mehr. Praktisch und symbolisch – wir haben immer mit Arbeit zu tun. Wir tun sie und wir denken über sie nach", sinnierte so treffend Henry Louis Mencken (1880-1956), ein amerikanischer Schriftsteller.

Der Projektkurs der Jahrgangsstufe 12 hat sich auf Empfehlung der Universität Siegen dem vielschichtigen Thema „Wandel der Arbeitswelt im Siegerland" gewidmet. Die fertiggestellte Ausarbeitung nimmt Bezug auf die Arbeitswelt der 1950er und 1960er Jahre, betrachtet das Arbeitsleben vor dem Hintergrund des technischen Fortschritts und in Zeiten des Wirtschaftswunders und zeigt am konkreten Beispiel des Eichener Werkes der Firma ThyssenKrupp Steel Europe, wodurch sich die moderne Arbeitswelt auszeichnet und wie sie funktioniert.

Die Darstellung einiger für unsere Arbeitswelt bedeutsamer Faktoren, wie Ausbildung, Mitbestimmung, Arbeitsschutz oder auch Frauenförderung und Bezahlung, am Beispiel eines Weltmarktführers im Bereich der Stahlproduktion, ist gut gewählt. Ist doch gerade der Wirtschaftszweig der Metallindustrie stetigen Veränderungen unterworfen, die insbesondere dem enormen technologischen Fortschritt und der Globalisierung geschuldet sind. Zudem blickt unsere Region auf eine lange Bergbaugeschichte zurück und die metallverarbeitende Industrie zählt noch heute zu den stärksten im Siegerland.

Das Arbeitsergebnis des Projektkurses gibt einen gelungenen Überblick, wie sich die Arbeitswelt hier bei uns gewandelt hat. Ich danke den Schülerinnen und Schülern und allen Beteiligten, die an der Erarbeitung des Themas sowie der Publikation der Projektarbeit unterstützend mitgewirkt haben.

Walter Kiß

Bürgermeister der Stadt Kreuztal

Vorwort und Danksagung

Zur Entstehung und Arbeit am Projekt

Das Leitbild unserer Schule „Verschieden aber Miteinander" wird gelebt, seitens der Schüler, aber auch seitens der Lehrer- und Elternschaft. In unserer Gesamtschule finden wir Schüler und Lehrer unterschiedlicher Herkunft mit den verschiedensten Startbedingungen für die weiterführende Schule: Ihr Anteil ist so bunt und vielfältig wie das Leben. Unser Projektkurs (11 Schülerinnen, 1 Schüler, 2 Lehrerinnen) spiegelt unsere Schule im „Kleinen", in einem „Mikrokosmos", wider.

Als umso beachtlicher und bewundernswerter ist die Leistung der Schülerinnen und Schüler zu sehen, die sie in diesem Projektkurs erbracht haben.

Als wir im Frühjahr des Jahres 2012 von einem Dozenten der Universität Siegen einen Anruf mit der Frage erhielten, ob unsere Schule Interesse an einem Projekt hätte, das sich mit dem „Wandel der Arbeitswelt im Siegerland der 1950er Jahre und heute" beschäftigt, zögerten wir nicht lange. Es bot sich uns eine großartige Chance, Schule und Wirtschaft weiter zu verbinden.

Ebenso reizten uns vor allem die Projektorientierung und explizit die außerunterrichtliche Arbeit, sowie die Möglichkeit, in und mit einem traditionsreichen Unternehmen zu recherchieren, die Arbeit an lokaler, unmittelbarer Historie. Ein Betrieb war schnell gefunden: unser langjähriger und zuverlässiger Kooperationspartner ThyssenKrupp Steel AG in Kreuztal-Eichen.

Für uns alle war dieser Projektkurs eine Premiere, keiner wusste genau, wohin es uns bei unseren Recherchen treiben würde. Unser Ziel jedoch war klar: Wir wollten sowohl Arbeitnehmer als auch Arbeitgeber des Standortes Eichen zu ihrer Arbeitssituation befragen. Dazu suchten wir Interviewpartner nicht nur der heutigen Zeit, sondern auch bewusst Arbeitnehmer, die in den 1950er und 1960er Jahren in Eichen gearbeitet haben.

Dazu stellten wir uns die große Frage: Inwiefern hat sich Arbeit in diesen wenigen Jahrzehnten gewandelt? Welche Prioritäten setzen heutige Arbeitnehmer? Sind Arbeiter heute zufriedener als vor 40 oder 50 Jahren? Gleichzeitig wollten wir uns mit der Historie des Werkes in Eichen beschäftigen, das auf eine lange und bewegte Geschichte zurückblicken kann.

In mühevoller Kleinarbeit, in stundenlangen Recherchen, in großer Bereitschaft, auch nach dem Unterricht tätig zu werden, ist es uns gelungen, Ergebnisse zusammenzutragen, zu analysieren und zu bewerten. Entstanden ist ein wunderbar vielfältiges Buch, das zahlreiche Themenkomplexe miteinander verzahnt und vernetzt: „Verschieden aber Miteinander".

Geschichtliche Entwicklung

Historischer Wandel ist nicht in Zeiträume zu gliedern. Er vollzieht sich stetig. Für unser Projekt aber war die Entwicklung zwischen 1950 und heute besonders wichtig. Über diesen Zeitraum konnten uns Zeitzeugen und Unterlagen detailliert Auskunft geben.

Die 1950er Jahre gelten als die Gründerjahre der Bundesrepublik. Nach dem Zusammenbruch 1945 und den Beschwernissen der unmittelbaren Nachkriegszeit zeigte sich ab 1949, wie typische Entwicklungen der Industriegesellschaft wieder aufgenommen wurden. Das wurde durch gesellschaftliche und politische Weichenstellungen unterstützt. Politisch war das Jahrzehnt (bis 1961) geprägt von der Staatsgründung, der Erlangung der Souveränität, der Westbindung der Bundesrepublik und der vollständigen Trennung beider deutscher Staaten durch den Mauerbau. Wirtschaftlich wurde schon bald nach der Währungsreform 1948 ein stetiger Aufschwung spürbar, der erst Anfang der 1970er Jahre ganz zu Ende ging. Man nannte ihn „Wirtschaftswunder". Während dieser Zeit wurden aufgrund von Arbeitskräftemangel viele Gastarbeiter aus anderen Staaten angeworben. Viele von ihnen blieben in Deutschland. In diesen Jahren entstand bei den Menschen in Deutschland die Gewissheit, Teil einer Wohlstands- und Konsumgesellschaft zu sein, auch wenn es bis heute große soziale Unterschiede gibt.

Die 1960er Jahre sind eine Umbruchszeit. Es gibt vor allem viele politische Konflikte. In der Gesellschaft geht es darum, wie man mit Vergangenheit und Gegenwart umgeht und welche Werte und Normen besonders wichtig sind. Das diskutiert beispielsweise die 68er-Bewegung.

In den 1970er Jahren wird für die Wirtschaft vor allem die Ölkrise bedeutsam. Durch die Drosselung der Ölproduktion geriet Deutschland in eine Krise. Die Zahl der Arbeitslosen stieg und das „Wirtschaftswunder" kam spätestens zu diesem Zeitpunkt zum Erliegen.

Die 1980er Jahre sind durch eine wirtschaftliche Stabilisierung gekennzeichnet. Politisch ist das Jahrzehnt besonders bedeutend, denn am Ende stehen der Fall der Mauer und die Wiedervereinigung der beiden deutschen Staaten. Dadurch wird die politische, gesellschaftliche und wirtschaftliche Lage neu geordnet.

Hinzu kommt in den 1990er Jahren ein struktureller Wandel der Arbeitswelt durch starke Digitalisierung, Globalisierung und die Frage nachhaltigen Wirtschaftens. Diese Entwicklungen setzen sich bis heute fort.

Danksagung

Im Namen aller Beteiligten danken wir als Hauptverantwortliche

... der ThyssenKrupp Steel AG Kreuztal Eichen und den Verantwortlichen für unser Projekt: Marisa Karpf und Heinz-Joachim Klose. In Person beider trafen wir auf eine besonders kooperative, von großer Unterstützung des gesamten Werks in Kreuztal-Eichen geprägte Zusammenarbeit, die uns und unsere Schüler besonders beeindruckt und einen „Blick über den Tellerrand" in Beruf / Wirtschaft ermöglicht hat. Frau Karpf und Herrn Klose danken wir – auch stellvertretend – für ihr großes Engagement, ihre stete Unterstützung und Bereitschaft, Fragen zu beantworten, Termine zu koordinieren, Ansprechpartner zu finden, um nur einige ihrer Hilfestellungen zu nennen, wodurch dieses Projekt zu einem großen Erfolg für alle Beteiligten wurde.

... unserem Schulleiter Christian Scheerer für das Geleitwort und die stete moralische Unterstützung.

... unserer Oberstufenleiterin Corie Sting und unserer stellvertretenden Schulleiterin Regina Zwingmann für die organisatorischen Hilfestellungen.

... Achim Luschnath, Abteilungsleiter II, der den langersehnten Kontakt mit ThyssenKrupp erfolgreich in die Wege leiten konnte.

... dem Bürgermeister der Stadt Kreuztal, Walter Kiß, der das Projekt wohlwollend begleitete.

... Ria Siewert vom Stadtarchiv Kreuztal, die mit gewohnter Geduld unsere Recherchen unterstützte.

... dem Westfälischen Wirtschaftsarchiv in Dortmund und dem ThyssenKrupp Archiv Duisburg, die zahlreiche Akten bereitstellten und unverzichtbare Informationen lieferten.

... dem Archiv der Siegener Zeitung für das Aufspüren längst verschollen geglaubter Artikel zum Thema.

... dem Historiker Dieter Pfau von der Universität Siegen, der uns einst auf die Idee dieses Projektes brachte.

... allen Interviewpartnern, ohne deren unverzichtbare Details dieses Buch nicht zustande gekommen wäre.

... Rudolf Zwingmann für das Bereitstellen und die Verwendung seiner eigenen Recherchen.

... der Sparkasse Siegen für ihre großzügige finanzielle Unterstützung.

... Heike Wolter, Redakteurin und Lektorin, für ihre engagierte, zuverlässige und professionelle Arbeit am Buch.

... Caroline Oblasser, Verlagsleiterin der edition riedenburg, die es wichtig fand, dieses Buch zu veröffentlichen.

Anja Kotter & Silke Kramarz

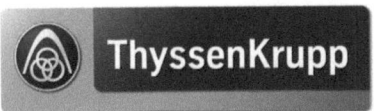

ThyssenKrupp Steel Europe

Die Sicht der Schülerinnen und Schüler

Als wir – elf Schülerinnen und Schüler – im Herbst 2012 mit dem Projektkurs starteten, hatten wir keine Ahnung, wohin uns dieses Projekt führen würde. Wir wussten weder genau, wie wir den „Wandel der Arbeitswelt von 1950 bis heute" darstellen sollten, noch wer uns dabei behilflich sein würde.

Erst als Anfang 2013 eine Kooperation mit ThyssenKrupp Steel Europe zustande kam, konnte es richtig losgehen.

Als Erstes mussten Teiluntersuchungsbereiche, wie zum Beispiel die Geschichte des Betriebs, Überlegungen zur Beschäftigung von Behinderten, Veränderung von Mitbestimmungsrechten oder von Gehältern der Arbeiter, festgelegt werden, anhand derer der „Wandel der Arbeitswelt" nachvollziehbar darzustellen war.

Jedem der elf Projektkursteilnehmer wurde ein Arbeitsbereich zugeteilt. Dieser wurde dann mit vielen Quellen ausführlich bearbeitet. Neun Kursteilnehmer schrieben abschließend ein Buchkapitel, die anderen beiden übernahmen andere Aufgaben. Die zum Teil schwer zu beschaffenden Informationen bezogen wir hauptsächlich aus Interviews mit ehemaligen Angestellten sowie heute bei ThyssenKrupp Beschäftigten, um einen Vergleich zwischen Vergangenheit und Gegenwart erstellen zu können.

Außerdem erhielten wir lohnenswerte Einblicke in das konzerninterne Archiv von ThyssenKrupp in Duisburg, das Westfälische Wirtschaftsarchiv Dortmund, das Stadtarchiv Kreuztal und das Archiv der Siegener Zeitung. Besonders viel Freude hatten wir bei den Interviews, die oft sehr interessant und sogar amüsant waren, sowie bei der wissenschaftlichen Arbeit im Archiv mit historischen Quellen.

Gerade im Hinblick auf das von vielen Schülern angestrebte Studium war der Projektkurs eine optimale Vorbereitung auf die wissenschaftlichen Arbeitsmethoden an einer Universität. Er war zudem für alle teilnehmenden Schüler und die beiden betreuenden Lehrer eine große Bereicherung und eine Möglichkeit, zusätzliches Arbeitsengagement unter Beweis zu stellen.

Der Publikation unserer Arbeitsergebnisse schauen wir mit Spannung und Stolz entgegen.

Lena Bothur & Clara Luisa Mai

im Namen aller Beteiligten

Der Projektkurs zu Besuch im Eichener Werk (Anja Kotter)

Das Walzwerk Eichen und seine Geschichte

Luftbild des Walzwerks Eichen, 1953 (Hüttenwerke Siegerland AG: Bericht über das Geschäftsjahr 1953/54. ThyssenKrupp Archiv.)

Vom Eichener Hammer zum Werk Eichen der ThyssenKrupp Steel Europe

Lena Bothur, Angelika Britner und Clara Luisa Mai

Vom Beginn bis 1599

Schon um 600 v. Chr. war das Gebiet des heutigen Siegerlandes von Kelten bewohnt, die in der Kunst der Eisengewinnung sehr erfahren waren. Sie benutzten kleine Lehmöfen, um das Eisenerz bei niedrigen Temperaturen zum Schmelzen zu bringen. Später, etwa um 100 v. Chr., besetzten die Germanen das Land und entwickelten die Eisengewinnung und -verarbeitung weiter.[1] Sie nutzten die günstige Lage eines kleinen Bachs – die heutige Littfe – an einem Hügel, an dem praktikable Wind- und Wetterverhältnisse herrschten. Zudem konnte in der Umgebung ausreichend Eisenerz abgebaut werden.

Die Schmelzstelle bestand und entwickelte sich in den folgenden Jahren positiv. Dies ist bekannt, da bei der Neuverlegung eines Grabens Fundamente einer Hüttenstelle gefunden wurden, die von Fachleuten etwa um 1300 eingeordnet wurden.[2] Um diese Zeit wurde also nachweislich aktiv Eisen abgebaut und vor allem be- und verarbeitet.

1599 bis 1883

Erst im Jahre 1599 jedoch wird der „Eichener Hammer"[3] erstmals urkundlich erwähnt, zuverlässige Quellen liegen sogar erst ab 1643 vor.[4] (Tab. 2) Zu dieser Zeit gehörte der Hammer – so die Bezeichnung für den eisenverarbeitenden Betrieb –, zusammen mit der Mühle, dem Grafen von Nassau, der ihn 1666 an Eberhard Herling verpachtete.[5] Ihm folgten andere Zunftmeister. Ab 1666 lassen sich diese aus dem „Register des Handwerksbuches der Stahl-, Waffen- und Kleinschmiede" zurückverfolgen. (Tab. 1)

1686 wurde der Hammer von den bisherigen Pächtern übernommen[6] und von da an vererbt oder weiterverkauft. Eine starke Veränderung brachte die Erfindung des Puddeleisens. Beim Puddelverfahren wird das Roheisen „gekocht" und dabei mit langen Stangen gerührt. So verbrennt der Kohlenstoff im Ei-

sen, es bildet sich eine Schlackschicht und darunter das schmiedbare Eisen. Die ursprüngliche Verarbeitungsform im Hammer verlor so sehr an Wert, dass ihn 1869 ein einziger Mann namens Jakob Hambloch aufkaufen konnte. Er baute das 200 Jahre lang unverändert gebliebene Werk um und errichtete einen Dampfhammer und zwei Puddelöfen.[7] Die Geschäfte liefen jedoch nicht gut und das Werk stand oft monatelang still.[8] „Man erzählte sich, [...] wer auf dem „Hamer", wie das Werk kurz genannt wurde, arbeite, habe es überhaupt schwer gehabt, eine Frau zu bekommen."[9]

1883 bis 1902

Um wieder konkurrenzfähig zu werden, wurde das Hammerwerk in den Jahren 1883/84 in ein Blechwalzwerk umgebaut, in dem am 27. April 1884 das erste Blech gewalzt wurde.[10] Der Name des Werkes wurde in „Eichener Walzwerk Stähler & Co." geändert. (Tab. 2)

In den folgenden Jahren wechselten der Eigentümer des Werkes und damit auch der Name sehr häufig. Bis 1895 gehörte das Werk den Gewerken Hermann Stähler, der ihm seinen Namen verlieh, und Tillman Kloeckner, bis die Firma aufgrund von stagnierendem Geschäftsgang schließlich liquidiert wurde.[11] 1895 stand das Puddlings-, Walz- und Hammerwerk zum Verkauf. (Abb. 1)

Als der neue Geschäftsführer Adolf Heinemann 1896 dem reinen Walzbetrieb ein weiterverarbeitendes Werk angliederte, in dem das selbst produzierte Blech verzinkt und zu Blechwaren aller Art weiterverarbeitet wurde, wurde das Werk erneut umbenannt und hieß ab 1897 „Eichener Walzwerk und Verzinkerei, GmbH Kreuztal".[12] (Tab. 2) Heinemann folgte damit den sich in der Industrialisierung schnell ändernden Bedürfnissen nach Metallwaren.

Dieser Weg erwies sich als richtig und rentierte sich so sehr, dass im Geschäftsjahr 1899/1900 eine zweite Verzinkungsmaschine in Betrieb genommen wurde und alle weiterverarbeitenden Abteilungen ständig vergrößert wurden. Dagegen führte die sinkende Nachfrage an Puddeleisen zu einer Reduzierung des Puddelbetriebs, der 1902 schließlich vollständig eingestellt wurde.

1902 bis 1913

Durch die ständigen Erneuerungen auf dem Werksgelände und die Anbauten waren zum Teil lange Transportwege entstanden und vor allem die Transportkosten stark angestiegen. Bereits in den Jahren 1897/98 waren deshalb Schmalspurgleise auf dem Werksgelände verlegt worden, die 1900/01 durch eine Vollspur-Gleisanlage ersetzt wurden.

Zudem mussten das alte Wasserrad und der Wasserhammer aus der Zeit des Puddelbetriebs neueren Anlagen Platz machen und an ihrer Stelle wurde eine Turbinenanlage zur Versorgung des Werkes mit Strom errichtet.

Der anhaltende Erfolg des Betriebs führte 1904 zum Bau einer zweiten Feinblechstraße, die allerdings, ebenso wie das ein Jahr später errichtete dritte Gerüst, nicht betrieben werden konnte, da das Werk unter einem erheblichen Mangel an geschulten Walzern zu leiden hatte.[13] 1907 sollte durch den Bau einer neuen, leistungsfähigeren Platinenstraße[14] der Mangel an dünnen Platinen ausgeglichen werden.

Wie bei den meisten Verzinkereien war auch in Eichen die Entsorgung der entstehenden Abwässer ein Problem, das hohe Kosten verursachte, sodass man sich zum Bau einer chemischen Fabrik entschloss. Diese sollte die hauptsächlich anfallende Eisenchlorürlauge in ungefährliche chemische Produkte zersetzen. Die Anlage wurde unter hohem finanziellem Einsatz in den Jahren von 1908 bis 1910 errichtet, allerdings 1925 schon wieder abgebrochen.[15]

Am 1. September 1912 wurde die Firma Althaus, Pletsch & Co., Attendorn, die durch ähnliche Metallfertigungen in Konkurrenz mit dem Eichener Werk gestanden hatte, aufgekauft und so der Eichener Standort in seiner Position wesentlich gestärkt.[16] Der ständig weiter steigende Bedarf an Blechen machte aber einen darüber hinausgehenden Ausbau des Werkes dringend erforderlich, der in den Jahren 1911 bis 1913 in Form mehrerer verschiedener Gerüste erfolgte. Ein Gerüst ist jenes Teil eines Blechwalzwerks, in dem die Walzen eingebettet sind. Die verschiedenen Produktionsstraßen des Werkes waren jeweils mit verschiedenen Gerüsten bestückt, damit unterschiedliche Breiten, Stärken und Qualitäten von Blechen hergestellt werden konnten.

Aber auch der Bau neuer Produktionsstraßen und einer Kesselanlage wurde bewerkstelligt. Im Jahr 1912 beschloss man, den Betrieb der Walzenstraße auf Dampf umzustellen. Die neue Kesselanlage, die am 10. Juni 1912 in Betrieb genommen wurde, konnte jedoch durch den weiterhin herrschenden Mangel an Arbeitskräften und dem 1914 folgenden Krieg nicht mehr richtig ausgenutzt werden.

1914 bis 1923 (Abb. 2)

Während des ersten Jahrs des Ersten Weltkrieges wurde die Produktion hauptsächlich auf die Deckung des Heeresbedarfs beschränkt, es wurden also fast ausschließlich Wellblechunterstände und Schutzblechrahmen hergestellt. Doch bereits 1915 setzte der durch den Krieg entstehende Rohstoffmangel das Werk fast vollständig außer Betrieb, sodass man beschloss, sich einem Werk mit eigener Eisenbasis anzuschließen. So führten Gespräche zwischen Friedrich Flick[17], dem Generaldirektor der Charlottenhütte Niederschelden, und dem Geschäftsführer des Werks Eichen, Adolf Heinemann, im Jahr 1916 zum Übergang des Werkes Eichen in den Besitz dieser Gesellschaft, die sich Vereinigte Stahlwerke nannte.[18] (Tab. 2) Damit waren für die Charlottenhütte sichere Absatzmöglichkeiten für ihre Eisenerzeugung garantiert und das Werk Eichen brauchte sich nicht mehr um den Mangel an Rohstoffen zu sorgen.

Das Ende des Krieges brachte viele Veränderungen mit sich: Zunächst mussten die Geschäfte erst wieder auf Friedensproduktion umgestellt werden. Zudem waren während des Krieges im In- und Ausland Konkurrenzfirmen entstanden, die dem Werk Eichen die Absatzgebiete streitig machten. Nachdem der erste Bedarf für den Wiederaufbau an allen möglichen Orten gedeckt war, stiegen vor allem die Qualitätsanforderungen entscheidend. Doch durch den allgemein guten Stand des Werks, auch nach dem Krieg, und die fortwährenden Verbesserungen konnte schon in den Jahren 1922/23 die Blecherzeugung der Vorkriegszeit überschritten werden.

1924 bis 1938

In den folgenden Jahren wurden vor allem die Platinenerzeugung erhöht und die entsprechenden Straßen erneuert, denn das Eichener Walzwerk war das einzige im Charlottenhütte-Konzern, das bereits über eine recht moderne Produktionsstraße verfügte. Die Produktion sollte so weit ausgebaut werden, dass eine Versorgung der gesamten Siegerländer Werke mit Platinen gewährleistet werden konnte. Diese wurden als Rohblechplatten für die Weiterverarbeitung benötigt. 1924 baute man ein Feinblechwalzwerk mit zwei Feinblechstraßen neu und um 1930 wurden etwa drei Mal so viele Platinen hergestellt wie in den Vorkriegsjahren.[19]

1924/25 wurde ein neues Warmwalzwerk errichtet, um fortan auch Qualitätsbleche herstellen zu können.[20] Damit wurde das Eichener Werk zum besteingerichteten Werk des Siegerlandes.

Zusammen mit der Charlottenhütte Niederschelden wurde das Werk Eichen schließlich 1926 in die „Vereinigten Stahlwerke AG" einverleibt.[21] (Tab. 2)

Im Zuge weiterer Umbauten und Erneuerungen wurde der komplette Betrieb auf Industriegas umgestellt. Die schwarz qualmenden Kamine wurden abgerissen, sodass „eine Belästigung der Anwohner [...] nicht mehr stattfinden [wird]".[22]

1929 betrug die Erzeugung an Blechen gegenüber der Vorkriegserzeugung etwa das Dreieinhalbfache und auch die weiterverarbeitenden Abteilungen schrieben sehr gute Produktionszahlen. 1930 heißt es in einer Präsentationsschrift des Werkes: „Der Verzinkereibetrieb ist gut ausgebaut und ohne Zweifel einer der leistungsfähigsten des Kontinents. Die Blechwarenfabrik ist ebenfalls als eine der besteingerichteten Europas bekannt."[23]

Nachdem die Mitarbeiterzahlen bis 1932 stetig zurückgegangen waren, konnte mit der Machtübernahme Hitlers – im zeitgenössischen Sprachgebrauch „seit der nationalsozialistischen Revolution"[24] – 1933 wieder ein starker Zuwachs verzeichnet werden. Diese Entwicklung wurde am 28. März des Jahres mit einer Feier begangen, auf der anschließend mit der versammelten Belegschaft die durch den Rundfunk übertragenen „beiden Reden des Reichsministers Dr. Dr. Goebbels sowie die [des] Führers"[25] angehört wurden.

1935 wurde auf dem Gelände des Eichener Walzwerkes die „erste Siegerländer zusätzliche Werkschule"[26] errichtet, in der neben der normalen Ausbildung zusätzliche Lehrthemen und Materialien behandelt wurden.

Nachdem 1936 die Blechwarenfertigung als eigenständige Firma ausgegliedert wurde, stellte das Werk Eichen, als eines der Ersten in Deutschland, schon

auf das Kaltwalzen um[27], man begann mit dem Bau eines Reversiergerüsts.

Das bedeutet, dass das Walzgerüst das Walzgut im Hin-und-Her-Gang zwischen mehreren nachstellbaren Walzen formt. Seit 1938 konnten so auch kaltgewalzte Bleche vom Breitband hergestellt werden.[28]

1939 bis 1945

Im Jahr 1939 wurde immer deutlicher, dass die Regierung eine aggressive Politik betrieb. Es gab viele Verdunklungs- und Luftschutzübungen und als am 1. September 1939 der Krieg ausbrach, lag das Werk zum ersten Mal seit vielen Jahren in völligem Dunkel. Schon bald machten sich Mängel an Personal, Waggons, Energie und dergleichen als erste Kriegsauswirkungen bemerkbar, deshalb sollten beispielsweise Gassspartage eingeführt werden. Während des Krieges gab es aus diesen Beschränkungen heraus auch keine baulichen Veränderungen im Werk Eichen mehr – bis auf die Errichtung einer Werksküche und von Speise- und Luftschutzräumen.

Jedoch ging die Produktion zuerst fast unvermindert weiter. Wegen der guten Leistung des Breitbandgerüsts konnten die Kunden weiter beliefert werden. Die Produktionszahlen der Friedenszeit wurden sogar übertroffen.

Im Jahre 1940 wurde der Arbeitermangel sichtbar, denn immer mehr Männer wurden zur Wehrmacht eingezogen. Deshalb wurden erstmals Frauen als Arbeiterinnen eingestellt, zuerst als Kranfahrerinnen. Aber schon Ende 1940 wurden dem Werk auch die ersten Kriegsgefangenen und Zwangsarbeiter – vor allem Franzosen und Niederländer – zugeteilt.[29] Sie wohnten in eigens errichteten Baracken. Zudem wurden im Winter 1941 italienische Zivilarbeiter als Hilfe beschäftigt.

Weil es stets an Gas fehlte, wurde die Feuerung der Öfen auf Kohle umgestellt. Doch 1941 war klar, dass es an allem mangelte: an Arbeitern, an Waggons, an Rohbändern. Im Dezember mussten die Produktionsstraßen I und II wegen Kohle- und Gasmangel stillgelegt werden.

Der Winter 1941/42 war besonders kalt und schneereich. Das erschwerte die Eisenerzeugung und behinderte außerdem die Beförderung der Arbeiter, die von auswärts kamen. Der Mangel war unübersehbar. Da das Werk nun von einer zentralen politischen Macht mit dem Willen zur Leitung und Lenkung kontrolliert wurde, wurden nicht nur Werksluftschutz und Werkspolizei beobachtet, sondern es wurde auch ein Amt für den Arbeitseinsatz eingerichtet. In ihm wurden lohnordnende Maßnahmen, Umschulungen, Lehrgänge zur Wehrertüchtigung und so weiter bestimmt.

Die kriegsbedingte mangelhafte Ernährung, die ständige Bereitschaft bei Luftalarm und auch ganz allgemein die Kriegsanstrengungen wirkten sich negativ auf die Produktion aus. Die Arbeitskräfte konnten weniger arbeiten und die Krankenzahlen stiegen.

Das gesamte Jahr 1944 und die letzten Kriegsmonate 1945 waren durch zahllose Luftangriffe gekennzeichnet. Aber der Standort galt noch als relativ sicher, es gab relativ geringe Bombenschäden. Ein Raketengeschoss, womöglich deutschen Ursprungs, zerstörte die neu errichtete Hochspannungsanlage, aber man konnte das Problem überbrücken. Auch zwei kleinere Bombentreffer in der mechanischen Werkstatt führten nicht zur Unterbrechung der Produktion. So wie dem Walzwerk ging es auch dem Ort Eichen. Gemessen an den Schäden im Siegerland allgemein, blieb die Gegend um Eichen einigermaßen verschont.[30]

1945 bis 1950 (Abb. 3)

Nach dem Ende des Nationalsozialismus im Frühjahr 1945 lag das Werk Eichen monatelang still. Schließlich war das Dinslakener Werk, das die Rohbänder herstellte, demontiert worden. Ein Teil der Arbeiter in Eichen wurde mit Notstands- und Instandsetzungsarbeiten beschäftigt.

Produziert werden konnte jedoch erst nach Zustimmung der Alliierten. Die amerikanische Militärregierung gab dem Werk Eichen schon bald die Lizenz zur Wiederaufnahme der Arbeit und am 27. Oktober 1945 konnte die Produktion in kleinem Umfange wieder anlaufen. Dr. Ernst Wullfert vom Werk Niederschelden übernahm unter Beibehaltung seiner sonstigen Funktionen auch die Werksleitung von Eichen. Der Oberingenieur Heinz Lefkes leitete als sein Stellvertreter die Produktionsbetriebe. Am 28. September 1946 wurde Lefkes dann zum Werksdirektor ernannt.

Viele der Arbeiter litten unter den furchtbaren Lebensbedingungen des „Hungerwinters" 1946/47 und ihre Arbeitskraft war geschwächt. Erst mit der Währungsreform vom 20. Juni 1948 wurde ein langsames,

aber stetiges Anwachsen der Leistung möglich. Auch die Arbeitsbedingungen wurden nun besser.

Außerhalb Deutschlands wurde in vielen Ländern Europas und in den USA die technische Entwicklung auf dem Gebiet der Feinblechherstellung stark vorangetrieben. Die Warmwalzung wurde nun durch die anschließende Kaltbandwalzung ergänzt. Überall waren Warmbreitbandwalzwerke und für die nachfolgende Weiterverarbeitung Kaltbandstraßen entstanden. Das versuchte auch das Werk Eichen: Erst waren 1946 die Warmwalzen modernisiert und mechanisiert worden. Im Jahr 1949 bemühte man sich, auf dem Kaltwalzreversiergerüst wieder Qualitätsfeinbleche herzustellen.

In den folgenden Jahren wurde man sich bei den Hüttenwerken Siegerland klar, dass in Deutschland das Bedürfnis nach Blechen von einer neuen Warmbreitbandstraße immer dringender bestand. Aber erst nach dem Zustandekommen der Montanunion 1951 bestand die Möglichkeit für den Bau dieser neuen Anlage. Sie wurde bei der vorher demontierten August-Thyssen-Hütte AG in Duisburg-Hamborn errichtet. Schon zuvor aber war mit der Planung für ein neues Breitbandkaltwalzwerk in Eichen begonnen worden. Noch immer gab es die Transportproblematik: Der Schienentransportweg innerhalb des Werkes war ungünstig, da verschiedene Abteilungen nur über Drehscheiben versorgt werden konnten, die Engstellen im Transportweg darstellten. Außerdem war ein Umfahren des gesamten Werks nicht möglich. Das bedeutete, dass auf einem einzigen Schienenstrang der gesamte Verkehr abgewickelt werden musste. Man wollte deshalb einen neuen Gleisplan aufstellen, der ein Umfahren des Werkes ermöglichte und durch den auf kurzem Weg sämtliche Betriebsabteilungen erreicht werden konnten.

Zusätzlich galt es für einwandfreie und sichere Wasserverhältnisse zu sorgen. Das gesamte Bett wurde nun erneuert und im oberen Teil wurden zudem die Profile für Hochwassermengen geändert, die vorhandenen Brücken entweder beseitigt oder auf die größtmögliche Durchlassmenge erweitert und am linken Littfe-Ufer ein Schutzdamm errichtet. So sollte die Littfe im Bereich des Werksgeländes hochwassersicher sein. Das Betriebswasser wurde schon immer der Littfe entnommen.[31]

1950 bis 1960 (Abb. 5-11)

Erst nachdem diese baulichen Veränderungen durchführt worden waren, konnte mit dem Bau neuer Werkshallen für ein Kaltwalzwerk begonnen werden. Der enorme Bauaufwand, für den unter anderem etwa 180.000 Meter Kabel verlegt und 1.500.000 Ziegelsteine verbraucht wurden, wurde innerhalb von zwei Jahren beendet.[32]

Die Erweiterungen in den Produktionsstätten bedeuteten auch einen hohen Arbeitskräftebedarf und eine Bindung der Arbeitskräfte an den Standort Eichen. So wurde 1951 mit dem Bau der Bockelbach-Siedlung in Eichen begonnen, in der die Eichener Werksarbeiter Häuser und Wohnungen mieten oder kaufen konnten.[33] Nur einige Jahre später, zwischen 1954 und 1956, entstand die Hainchen-Siedlung in Fellinghausen, die ebenfalls den Eichener Arbeitern zur Verfügung stand.[34]

Am 22. April 1952 wurde dann die Einheitsgesellschaft Hüttenwerke Siegerland AG mit etwa 7.300 Beschäftigten unter ihrem alten Namen neu gegründet.[35] (Tab. 2 und 3) Diese neue Gesellschaft umfasste Werke in Wissen, Niederschelden, Eichen, Attendorn, Hüsten, Langenei, Herdorf und Wehbach.[36]

Aufgrund der fortschreitenden Hinwendung zur Kaltblechherstellung wurden im Lauf des Jahres 1956 zwei Warmwalzstraßen in eine Kaltwalzstraße umgebaut und eine dritte Warmwalzstraße zum Teil stillgelegt.[37] Ende Februar 1958 wurde schließlich auch die vierte und damit letzte Warmwalzstraße stillgelegt, was zur Entlassung von 100 Arbeitern führte, die nicht im Kaltwalzbetrieb oder in anderen Werken untergebracht werden konnten.[38]

Im Zuge dessen wurden auch die letzten Überreste des Dampfbetriebs beseitigt. Hatte man 1912 noch extra eine Kesselanlage für den Dampfbetrieb gebaut, war diese Entwicklung durch die Elektrifizierung rasch überholt wurden. Eine Weile wurden die Dampfkessel noch für die Heizung genutzt. Im Zuge der Modernisierungen wurde aber auch das unwirtschaftlich. 1956 wurde die Dampfkesselanlage verschrottet. Der Kamin blieb noch einige Zeit stehen. Erst im Januar 1958 wich er der neuen Gleisanlage.[39]

Für 1958 liegt aus der Werkszeitung zudem eine Auflistung der Produkte des Werkes vor. Damals wurden Handelsbleche und Qualitätsbleche aufgrund sehr hoher und steigender Nachfrage produziert, ebenso

verzinkte und verbleite Bleche, deren Produktionszahl auf einem Niveau verharrte, sowie Weißbleche und Weißersatzbleche, die aber immer weniger nachgefragt wurden.[40]

1960 bis 1965

Der Ausbau ging auch am Anfang der 1960er Jahre weiter. Im südlichen Gelände des Werks entstand im Jahr 1964/65 eine neue Bandverzinkungsanlage. Diese hatte eine Kapazität von 6.000 Tonnen verzinktem Feinblech pro Monat und eine maximale Abmessung von 1520 Millimetern Breite und 2,25 Millimetern Dicke. In der Anlage wurden die im Bandkaltwalzwerk gebeizten und gewalzten Bänder zu verzinkten Bändern bzw. Blechen weiterverarbeitet. Dafür brauchte es zwei neue, deutlich größere Hallen.

Am 15. Dezember 1964 wurde mit den Erdarbeiten begonnen, ab 1. Februar 1965 starteten die Arbeiten am Fundament. Dabei traten Schwierigkeiten auf, da das Baugelände jahrelang mit Schutt und Schlamm bedeckt gewesen war. In der Folge weichte der Boden durch Regen stark auf, sodass große Mengen Stein- und Schlackenmaterial verarbeitet werden mussten. Parallel wurden die Gleisanschlüsse für beide Hallen fertiggestellt.

Als am 6. September 1965 das Gebäude komplettiert war, konnte mit der Montage der Ofenkonstruktion begonnen werden. Die Witterungsverhältnisse waren während der Bauzeit sehr schlecht, doch die umfangreichen Arbeiten gingen trotz allem zügig weiter, sodass die Anlage innerhalb von einem Jahr betriebsfertig war.[41]

1965 bis 1986

Einen entscheidenden Einschnitt bedeuteten wenige Tage im Juni 1968.[42] Die rückblickend so zu bezeichnende Hochwasserkatastrophe im Siegerland begann am 15. Juni gegen 13 Uhr mit einem Gewitter, das eine der schwersten Überschwemmungen seit vielen Jahren auslöste. Die Regenfälle im Gebiet von Kindelsberg und Martinshard waren in einer solchen Stärke in den hundert Jahren zuvor nicht beobachtet worden. Die Folge: Besonders im Raum Eichen/Littfeld wurden Flüsse und Bäche zu reißenden Strömen. Gegen 17 Uhr staute sich das Wasser der Littfe vor der Brücke Eichen-Stendenbach zu einem riesigen See, der bis nach Krombach hineinreichte und die Bundesstraße 54 überflutete.

Die Brücke konnte dem ungeheuren Wasserdruck nicht standhalten und wurde gegen 17.45 Uhr zerstört. Die angestauten Wassermassen kamen nun in einer riesigen Flutwelle auf das Werk Eichen zu. Die 1956/57 an der Littfe errichtete Begrenzungsmauer, die zum Schutz gegen Hochwasser gebaut worden war, konnte die Wasserkraft ebenfalls nicht abfangen und wurde so auf einer Länge von 50 Metern eingedrückt. Sie stürzte auf das Werksgelände, wodurch nun der Strom das Werk erreichte.

Zuerst wurde das neu errichtete Bauteilwerk erreicht, dahinter teilte sich das Wasser in zwei Hauptströme, von denen der eine nach dem Bauteilwerk das Rohbandlager durchlief und zum Teil auch die Bandbeize, bevor er vor der Kläranlage den Weg zurück in den Littfebach fand.

Der andere Stromteil traf auf die drei Adjustagehallen und drang in die Walzwerks- und Glühereihalle ein. Aber nicht nur Wasser gefährdete das Werk. Es wurden auch geschnittene Weidenholzstämme angeflutet. Diese Massen versperrten die Rechen, wodurch das Wasser zunächst nicht in den Werksweiher ablaufen konnte. Durch den sofortigen Einsatz von Pumpen gelang es, die bereits durch den Energiekanal in die Bandverzinkungsanlage geflossenen Wassermengen bald zu entfernen.

Die Werksfeuerwehr bekam Hilfe von Feuerwehrleuten aus der Umgebung. So bald als möglich wurde mit den Aufräumarbeiten und Instandsetzungen der Anlagen begonnen, sodass einige der betroffenen Anlagen schnellstmöglich wieder in Betrieb genommen werden konnten. Bis zum 8. Juli, also weniger als einen Monat nach dem Unglück, konnten alle Anlagen wieder arbeiten.

Doch nichtsdestoweniger wurde weiter ausgebaut. 1974 wurde der Beschichtungsbetrieb erweitert, im selben Jahr mit dem Bau einer neuen Bandbeschichtungsanlage begonnen, die 1976 in Betrieb genommen wurde, und ebenfalls 1976 die Feuerbeschichtung im Werk Eichen eingeführt.[43]

Im Jahr 1978 ging dann die Aktienmehrheit der Siegener AG an Hoesch über. Daher wurde der Stahlbauzweig (Siebau) am 3. April 1980 mit dem Werksbereich Siegerland der Estel Hoesch Werke AG vereinigt. (Tab. 2) So etablierte sich Hoesch als der größte An-

bieter von kunststoffbeschichteten Kaltbändern in Europa zur damaligen Zeit.

Schließlich wurde 1986 auch die Kaltwalzanlage in Eichen stillgelegt, da sich ein weiterer Betrieb nicht mehr rentierte.[44] Damit ging in Eichen der jahrhundertealte Walzbetrieb zu Ende. Man musste sich neu orientieren.

1987 bis heute

Dies gelang schrittweise. Der durch den Abriss des Kaltwalzwerks geschaffene Platz wurde zur Errichtung von Profilierstraßen genutzt. Auf diesen konnte Stahl geformt werden. Durch den dazu nötigen Umbau musste auch die alte Ausbildungswerkstatt weichen.

Schon 1987 kam es aber zum Neubau der Ausbildungswerkstatt, ein Zeichen für die Fortsetzung des Betriebs. Vor allem seit 1991 gewann dann die Fertigung von Bauteilen eine große Bedeutung. Überreste des Walzbetriebs wurden noch stillgelegt, zum Beispiel die Glüherei. Die somit geschaffene Produktionsfläche wurde für eine neue Sandwichanlage genutzt. In dieser Doppelbeschichtungsanlage können aufgewickelte Stahlbänder in einem Arbeitsschritt von beiden Seiten beschichtet bzw. bearbeitet werden. So wird der Arbeits- und Energieaufwand geringer. Dies war nur ein Teil der vorgenommenen Modernisierungen.[45]

Einen neuen Aufschwung erhielt das Werk durch die Fusion von Hoesch und Krupp, wodurch über den späteren Zusammenschluss mit Thyssen die heutige Werkszugehörigkeit begann. (Tab. 2) Anfangs hatte man wohl gemeint, dieser Zusammenschluss könne Nachteile bringen. Doch gleich nach der Verschmelzung von Krupp-Hoesch und Thyssen 1997 wurde bekannt, dass die Verzinkungsanlage weiter ausgebaut würde.[46]

Mittlerweile ist der Standort spezialisiert auf die Oberflächenveredelung von Stahl. Es gibt Band- und Feuerbeschichtungsanlagen, zusätzlich werden die entstehenden Halbzeuge für den Kunden zugeschnitten.

Wichtig ist aber auch, dass nicht nur produziert wird, sondern Produktentwicklung und Vertrieb ebenso im Werk verankert sind.

Das Walzwerk als Bauherr – Die Selbsthilfesiedlungen

Clara Luisa Mai

Bereits 1930 wird in einer Präsentationsschrift erwähnt, dass das Eichener Walzwerk sich um Wohnungsbeschaffung und Unterkunftsmöglichkeiten für die Arbeiter bemüht hat. So waren bis 1930 in einem Arbeiterheim 150 Schlafstellen geschaffen worden, 39 Eigenhäuser mit 96 Wohnungen gebaut und weitere 45 Wohnungen für die Arbeiter und ihre Familien angemietet worden.[47]

Besonders wichtig wurde die unternehmensgestützte Bautätigkeit aber nach dem Ende des Zweiten Weltkriegs. Aufgrund des Mangels an Wohnraum gab es in den 1950er Jahren mehrere Initiativen von Ämtern, Gemeinden, Privatpersonen und Unternehmen, um Abhilfe zu schaffen. In diesem Rahmen wurden vermehrt neue Straßenzüge geplant oder ganze Siedlungen errichtet. Solche Siedlungen entstanden oftmals durch die Unterstützung einzelner Unternehmen, die ihren Arbeitern und Angestellten Wohnraum zur Verfügung stellen wollten. Geplant wurden solche Unterfangen von Wohnungsbaugenossenschaften. Vorgesehen war, dass in Gemeinschaftsleistung der späteren Besitzer alle Gebäude fertiggestellt werden sollten.

Die verschiedenen Siedlungen konnten die unterschiedlichsten Ausprägungen haben: Es gab Einfamilien-, Doppelhaus- und Reihenhäusersiedlungen sowie Siedlungen mit Geschossbauten. Durch die standardisierten Grundrisse und das Verwenden von Materialien heimischer Unternehmen sahen die einzelnen Häuser der Siedlungen in der Zeit direkt nach der Fertigstellung sehr einheitlich aus.

Die Selbsthilfesiedlungen der Hüttenwerke Siegerland waren einheitliche Einfamilienhaussiedlungen. Speziell zum Werk Eichen gehören die Hainchen-Siedlung in Fellinghausen und die Siedlung Bockelbach in Eichen.[48]

Hainchen-Siedlung in Fellinghausen (Abb. 20)

Um 1950 herrschte große Wohnungsnot im Amt Ferndorf, weil sich dort viele Heimatvertriebene angesie-

delt hatten. Im Jahr 1956 waren es beispielsweise rund 4100 Heimatvertriebene im Amt Ferndorf, die eine Bleibe benötigten.[49]

Um diese Entwicklung zu steuern, suchte sich die Gemeinde Fellinghausen Unterstützung von der Westfälischen Wohnstätte AG in Essen und den Hüttenwerken Siegerland. Am 30. Mai 1953 wurde schließlich durch die Hüttenwerke offiziell bekanntgegeben, dass sie sich an dem Projekt „Siedlungsbau" in Fellinghausen beteiligen würde, um Wohnraum für ihre Angestellten und Arbeiter zu schaffen.

Knapp ein Jahr später, am 25. April 1954, erfolgte der erste Spatenstich.[50] In zwei Bauabschnitten entstanden nun insgesamt 55 Eigenheime, die zum Jahreswechsel 1955/56 bezugsfertig wurden.[51] Die Planung fiel der Westfälischen Wohnstätte AG zu, die Errichtung den jeweiligen Siedlern. Gemeinschaftlich führten die Siedler alle relevanten Tätigkeiten durch. Darunter fielen Tätigkeiten wie das Ausschachten, das Errichten der Sockel im Verschalungsverfahren, aber auch die Fertigstellung der Rohbauten.[52]

Nach Beendigung des ersten Bauabschnittes waren es 25 Wohnhäuser, die in Eigenleistung der Arbeiter entstanden waren.[53] Die Siedler arbeiteten nach ihren Schichten im Eichener Werk gemeinsam an den entstehenden Gebäuden. Ihre Arbeitsstunden wurden sorgfältig protokolliert. Jeder von ihnen musste am Tag durchschnittlich vier Stunden beim Bau mitwirken, um auf die Mindeststundenzahl von 16 Wochenstunden zu kommen.

Geregelt war dies in der Siedlerverordnung der „Selbsthilfesiedlung Fellinghausen", aufgestellt von den Hüttenwerken Siegerland. In ihr waren auch andere Dinge geregelt und festgehalten, wie das Verfahren bei langfristig Erkrankten oder Personen, die ihre Pflichten nicht erfüllten, sein sollte. Letztere wurden aus der Gemeinschaft ausgeschlossen, wenn bei den regelmäßigen Siedlerversammlungen die Mehrheit für einen Ausschluss plädierte.

Zudem wurde geregelt, wie die Entschädigung bei einem Ausschluss aussah, in welcher Reihenfolge die Verteilung der Häuser ablief und wie die einzelnen Arbeitsstunden angerechnet wurden. Im Falle, dass einer der Siedler starb und dieser bereits mehr als 1000 Arbeitsstunden geleistet hat, waren die übrigen Siedler verpflichtet, seine restlichen Stunden für seine Hinterbliebenen zu leisten. Diese bekamen letztlich auch ein Haus. Des Weiteren wurde in der Ordnung geregelt, dass die Siedler nach Bezug des Hauses als Besitzer galten und nach einer dreijährigen „Probezeit" die Chance hatten, die Häuser dem Eigentümer (Westfälischen Wohnstätte AG in Essen) für einen Kaufpreis von rund 30.000 DM abzukaufen. Vom Kaufpreis wurden die erbrachten Eigenleistungen abgezogen. Für eine Arbeitsstunde wurde 1 DM angerechnet.[54]

Mit dem Unterschreiben der Siedlerverordnung erklärten sich die Siedler damit einverstanden, „in gemeinschaftlicher Selbsthilfe mit den anderen Mitgliedern der Siedlergemeinschaft Kleinsiedlerstellen zu erbauen und einander bis zur Fertigstellung der letzten Siedlerstellen nicht zu verlassen"[55] und ihre „ganzen Fähigkeiten und [..., ihren] Fleiß zum Gelingen des Siedlungsvorhabens einzusetzen"[56]. Ebenfalls verpflichteten sie sich, ihre arbeitsfähigen Söhne anzuhalten, am Bauvorhaben teilzunehmen.

Die geleisteten Arbeitsstunden für Jungen wurden wie folgt bewertet: Für Jugendliche im Alter von 16 bis 17 Jahren zählte eine geleistete Arbeitsstunde 80 Prozent, für Jugendliche im Alter von 17 bis 18 Jahren 90 Prozent. Auch die Frauen der Mitglieder durften mitarbeiten. Die Arbeitsstunden der Familie auf dem Bau wurden dem in Betracht kommenden Siedler gutgeschrieben. Jeder Siedler war an verschiedenen Gebäuden tätig, um die Qualität der Gebäude möglichst ähnlich zu halten.

Die Häuser wurden nach Fertigstellung der Rohbauten auf die einzelnen Siedler verteilt. Derjenige mit den meisten Arbeitsstunden durfte sich als Erster ein Haus aussuchen, der Zweite als zweites, usw. Richtfest des ersten Bauabschnittes war am 31. Januar 1955.[57]

Nach Beendigung des zweiten Bauabschnittes waren es 39 Einzelhäuser und 8 Doppelhäuser, die in kürzester Zeit in Fellinghausen entstanden. Sie befinden sich auch heute noch nördlich des ursprünglichen Ortskerns von Fellinghausen. Die Siedlungshäuser haben nicht nur materiellen Wert, sondern besitzen ebenfalls symbolischen Charakter. Sie zeigen, dass mit Ehrgeiz und Zusammenhalt alles machbar ist. Die Werkzeitung der Hüttenwerke Siegerland schrieb dazu: „Sie sind ein Zeichen der Selbsthilfe, ein Beitrag zur Lösung des Wohnraumproblems. Zugleich aber verwirklichen sie auch den Wunsch eines jeden schaffenden Menschen nach dem eigenen Heim."[58]

Bockelbach-Siedlung in Eichen (Abb. 18 u. 19)

Auch die Bockelbach-Siedlung in Eichen wurde durch Unterstützung der Hüttenwerke Siegerland (Eichener Walzwerk), der Westfälischen Wohnstätten AG in Essen und den Einsatz der Siedler errichtet. Sie entstand bereits im Jahr 1951 und war das Vorbild für die Hainchen-Siedlung in Fellinghausen.[59]

Nach der Fertigstellung besaß sie zuerst keinen direkten Anschluss an die Gemeinde Eichen, sondern lag separiert. Durch nachträgliche Bebauungen erlangte sie letztlich doch Anschluss im Nordosten und Südosten an Eichen.

Der Kern der Siedlung wird durch eine Grünzone mit dem weiteren Teilbereich verbunden. Die Grünzone wird durch einen Spielplatz im östlichen Teil, einen Fischteich und private Gärten gestaltet.

Die Gebäude des ersten Bauabschnittes wurden nach dem standardisierten Bauplan, der auch in der Hainchen-Siedlung verwendet wurde, errichtet. Sie besaßen jedoch, im Gegensatz zu den Gebäuden der Hainchensiedlung, an je einer Giebelseite einen Zugang zu Stallungen.

Entgegen der ursprünglichen Planung wurden die Häuser des zweiten Bauabschnittes nach einem anderen Muster erbaut. Sie unterschieden sich also vom Rest der Siedlung und weichen vom einheitlichen Siedlungsbild ab.[60]

Das Unternehmen in der Verantwortung – Sozialwesen im Werk Eichen

Heike Wolter

Um das Wohl der Arbeiter und Angestellten und ihre Zufriedenheit zu sichern, hat das Werk Eichen schon seit vielen Jahrzehnten ein Fürsorgesystem mit einer Reihe von Angeboten. Dazu zählen unter anderem die Betreuung durch einen Werksarzt, die sogenannte Werksfürsorge, Kurverschickungen, eine Werksküche. Eine Weile gab es beispielsweise auch Nähkurse für die Frauen der Angestellten und Arbeiter.

Für die gesundheitliche Betreuung der Eichener Belegschaft war ab dem 1. Dezember 1947 der Werksarzt Dr. med. Rath aus Eichen nebenamtlich tätig.[61] Zu den Tätigkeiten eines Werksarztes zählten das Aufklären und damit auch das Vorbeugen vor Unglücken sowie der Hilfedienst bei Unfällen, Kurempfehlungen, zudem medizinische Beratungen und Röntgen-Reihenuntersuchungen, um die Belegschaft ausreichend zu betreuen.

Aus den Jahren 1955/56 ist beispielsweise überliefert, dass der werksärztliche Dienst 427 Einstellungsuntersuchungen, 918 Untersuchungen von Kurbedürftigen, 1.907 Reihenuntersuchungen und 10.928 Erste-Hilfe-Behandlungen bei Unfällen durchführte, 3.122 medizinische Bäder und 6.841 Massagen verordnete.[62]

Das Werk hatte ab der Nachkriegszeit auch eigene Werks-Sanitätseinrichtungen, für die beispielsweise medizinische Bäder und Massagen verordnet wurden. Mehreren hundert Personen wurden in den 1950er Jahren jährlich Kuren angeboten. Die Belegschaftsmitglieder und ihre Angehörigen wurden in entsprechende Heime geschickt. Für die Arbeiter und Angestellten waren Aufenthalte in Falkenstein, Braunfels und Gudenhagen vorgesehen, ihre Ehefrauen wurden je nach Erkrankung an entsprechende Sanatorien überwiesen und für Kinder gab es sechs verschiedene Kurorte (an Nord- und Ostsee und im Hochschwarzwald; spezialisierte Sole- und Herzbäder).[63]

Aber nicht nur auf die körperliche Gesundheit der Arbeiter und Angestellten wurde Rücksicht genommen, sondern die Belegschaft und ihre Angehörigen in Eichen wurden ab dem 1. Oktober 1943 durch eine Sozialarbeiterin bzw. Werksfürsorgerin betreut.[64]

Diese Fürsorge erhielt sich auch über das Jahr 1945 hinweg. Sie war für die soziale Betreuung der Belegschaftsmitglieder und ihrer Familien während des und nach dem Krieg zuständig. Dafür gab es sogenannte Werkssprechstunden sowie Fürsorge- und Krankenbesuche. An Weihnachten 1956 wurden beispielsweise 600 Päckchen an Kranke, Witwen, ehemalige Belegschaftsmitglieder, Angehörige von Vermissten und hilfsbedürftige, kinderreiche Familien der Hüttenwerke Siegerland AG geschickt.[65]

Zudem öffnete am 1. Februar 1953 eine Werksküche im 1952 errichteten Werksgasthaus.[66] Im Belegschaftshaus Eichen, in dem auch das Werksgasthaus untergebracht war, fanden öffentliche Veranstaltungen, wie beispielsweise Konzerte auswärtiger Künstler oder betriebliche Veranstaltungen, statt.[67] Ebenfalls gab es eine Jubilarbetreuung, um die Werksverbundenheit der einzelnen Mitarbeiter zu würdigen. Im Zuge dessen fanden Jubilarehrungen und Jubilarausflüge statt. Außerdem gab es im Haus einen für die Belegschaft nutzbaren Tischtennisraum sowie eine Kegelbahn, die sich großer Beliebtheit erfreuten.

In dem 1953 angebauten Saal fanden bis zu 600 Besucher Platz und konnten kulturelle Ereignisse wie Konzerte des Siegerland Wittgenstein Orchesters[68] oder Auftritte bekannter Persönlichkeiten wie zum Beispiel Heinz Erhardt genießen.[69] Für die Frauen und Töchter der Belegschaft – auch der Eichener – gab es des Weiteren Nähschulen in den Werken Hüsten, Wissen und Attendorn.[70]

Exkurs 1: Tabellen und Bilder

Frontansicht des Breitband-Kaltwalzwerks, 1955 (O.V.: Das neue Breitbandkaltwalzwerk in unserem Werk Eichen. ThyssenKrupp Archiv.)

Jahr	Zunftmeister
1666	Ebert Herling
1667	Johann Freudenberg
1670	Heinrich Siebel „vom Hamer"
1671	Johann Freudenberg
1675	Johann Jacob Siebel
1676	Johann Freudenberg
1680	Hermann Siebel
1690	Johann Ebert Siebel, „ufm Hamer" (bis 1699)
1703	Hermann Siebel der Jüngere
1704	Johan Höfer „zun Eichen"
1706	Johann Ebert Siebel „ufm Hamer" (bis 1708)
1713	Johan Höfer „zun Eichen"

Tab. 1: Zunftmeister des Eichener Hammers (O.V.: Der Aufbau der Hüttenwerke Siegerland Aktiengesellschaft. S.196.)

Jahr	Firmenname
1599	Eichener Hammer
1631	„Uff dem Hamer" (Ugs.)[71]
1869	Firma Jakob Hambloch
1879	Schütz und Comp., Eichen
1884	Eichener Walzwerk Stähler und Comp. oHG, Creuzthal
1895	Eichener Walzwerk und Verzinkerei Stähler und Co. GmbH
1897	Eichener Walzwerk und Verzinkerei AG, Kreuztal (später GmbH)
1907	Eichener Walzwerk und Verzinkerei Aktiengesellschaft in Kreuztal
1916/17	Angliederung an Charlottenhütte Niederschelden als Werk Eichen
1926	Übernahme in die Vereinigte Stahlwerke AG[72]
1933	Angliederung an Hüttenwerke Siegerland AG[73]
1936	Ausgliederung der weiterverarbeitenden Blechwarenfabrik Blefa, Blechwaren- und Fassfabrik Eichen-Attendorn GmbH, Kreuztal[74]
1952	Neugründung der Hüttenwerke Siegerland
1969	Umwandlung in Hoesch Siegerlandwerke (HSW)
1972	Bildung von ESTEL, einem Zusammenschluss (von HOESCH und HOOGOVENS)
1976	Zusammenschluss der Hoesch Siegerlandwerke mit Blefa
1980	Zusammenschluss der Hoesch Siegerlandwerke mit der Siegener AG (SAG) und Siebau
1982	Auflösung ESTEL
1984	Ausgliederung Blefa, Gründung der Blefa GmbH
1992	Fusion Krupp und Hoesch, Bildung der Krupp Hoesch Stahl AG
1997	Zusammenschluss Thyssen Stahl und Krupp Hoesch Stahl zu Thyssen Krupp Stahl
1998	Zusammenschluss der Thyssen AG mit Friedrich Krupp AG Hoesch Krupp zur Thyssen Krupp AG[75]
1999	Eintragung der ThyssenKrupp AG ins Handelsregister[76]

Tab. 2: Umfirmungen und Umbenennungen des Eichener Walzwerks 1599 bis 2014

Jahr	Anzahl der Beschäftigten im Werk Eichen	Durchschnittsalter der	
		Arbeiter	Angestellten
1895	etwa 70		
1900	durchschnittlich 200		
1905	durchschnittlich 300[77]		
1910	durchschnittlich 450		
1914	500		
1925/26	1.065		
1928	1.230		
ca. 1930	1.400[78]		
1933	1.746		
1934	1.971		
1935	2.294		
1936	2.526		
1937	1.966		
1938	1.824		
1939	1.517		
1940	1.394		
1941	1.410		
1942	1.681		
1943	1.830		
1944	1.941		
1945	960		
1946	1.110		
1947	1.101		
1948	1.300		
1949	1.801		
1950	2.031		
1951	1.936		
1952	1.927	38	43
1953	1.855	39	44
1954	1.901		
1955	1.866	38,4	41,9
1956	1.586	38,8	41,7
1957	1.508	38,6	41,9
1958	1.274	39,3	42
1959	1.240	39,7	41,9
1960	/	39,8	41,8
1961	1.157	40	41,4
1962	1.166	40,5	41,3
1963	1.146	40,9	41
1964	1.147	41,2	41
1965	1.141	41	40,6
1966	1.123	40,5	39,9
1967	1.180	40,7	40,3
1968	1.350	40,7	39,1
1969	1.366		
1970	1.450[79]		
1986	1.300[80]		

Tab. 3: Entwicklung der Beschäftigtenzahl (gesamt) zwischen 1895 und 1986 (O.V.: Zur Geschichte des Eichener Walzwerks) sowie prozentualer Anteil von Arbeitern und Angestellten zwischen 1952 und 1968 (Hüttenwerke Siegerland (Hrsg.): Betriebszeitung „Unser Werk". 1/1955. S.311f.)

Am Samstag, den 5. Oktober cr., Nachmittags 3½ Uhr,

wird die unterzeichnete Firma im Lokale des Herrn Friedrich Schweisfurth in Hammerhaus b. Creuzthal i. W. ihr daselbst gelegenes, im Jahre 1883/84 erbautes

Puddlings-, Walz- und Hammerwerk

unter Ausschluß von Nachgeboten öffentlich meistbietend verkaufen.

Im Werke befindet sich eine Walzenzugmaschine von 785 m/m Chlinder-Durchm. und 1250 m/m Hub mit Condensation, 4 Walzengerüste für Bleche, Platinen und Luppen, 4 Puddelöfen, 1 Schweißofen und 4 Blechwärmöfen, 2 Dampf- und 1 Wasserhammer, 2 Dampfpumpen, 2 Blechscheeren, 1 Luppen- und Platinenscheere und 7 Dampfkessel. Zum Werke gehören ferner: 1 Schuppen, 1 Comptoirgebäude, 1 Wohnhaus nebst Haus- und Hofraum, sowie 1 Anschlußgeleise mit Ladestelle. Für den Wasserhammer ist ein ca. 1200 □-Ruthen großer Weiher mit gutem Gefälle vorhanden. Das Werk nebst Inventar befindet sich in gutem Zustande und kann sofort in Betrieb gesetzt werden. Sämmtliche Werkzeuge und Reservetheile gehen mit dem Immobil an den Käufer über. Das ganze Anwesen enthält 3 h 42 a 18 qm Flächenraum.

Creuzthal, den 18. September 1895.

Eichener Walzwerk.
Stähler & Comp. i. Liqu.
Liqm. Klöckner.

Das Eichener Puddlings-, Walz- und Hammerwerk wird meistbietend verkauft! Zeitungsanzeige aus dem Jahre 1895

Abb. 1: Zeitungsanzeige über den Unternehmensverkauf 1895 (Siegener Zeitung vom 18.9.1895, Archiv der Siegener Zeitung)

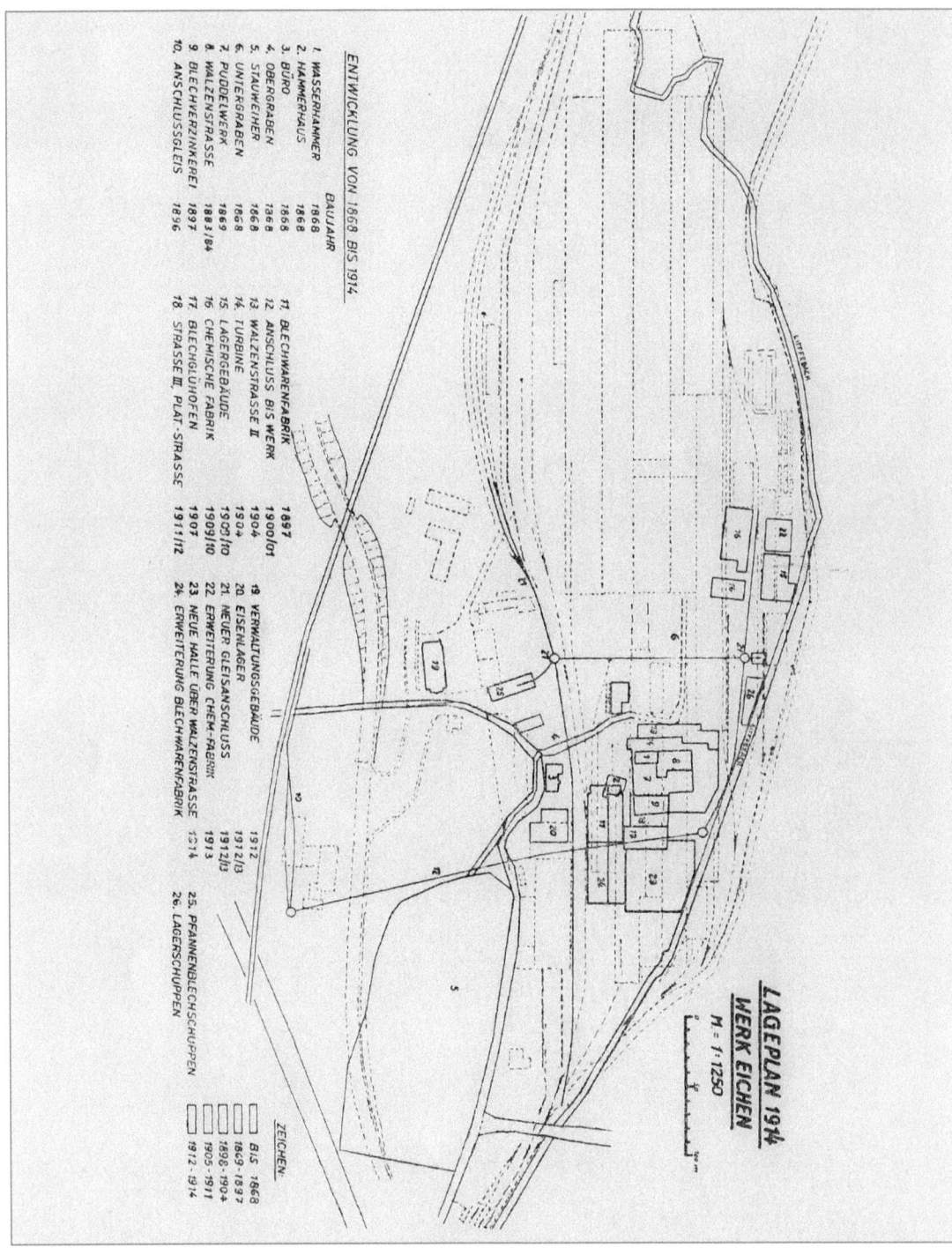

Abb. 2

Das Walzwerk Kreuztal-Eichen im Portrait 29

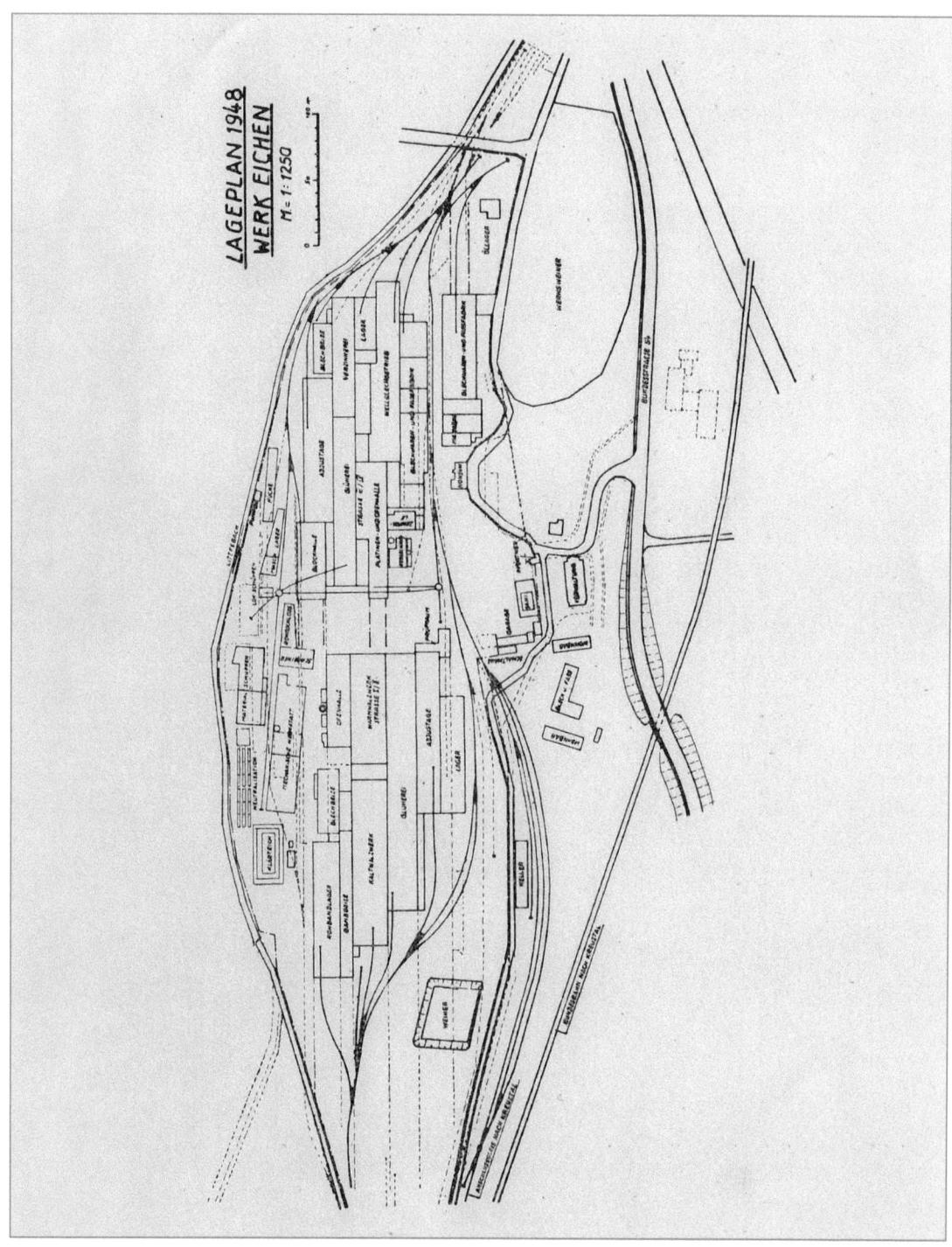

Abb. 3

„Uff dem Hamer" – Arbeit im Wandel der Zeit

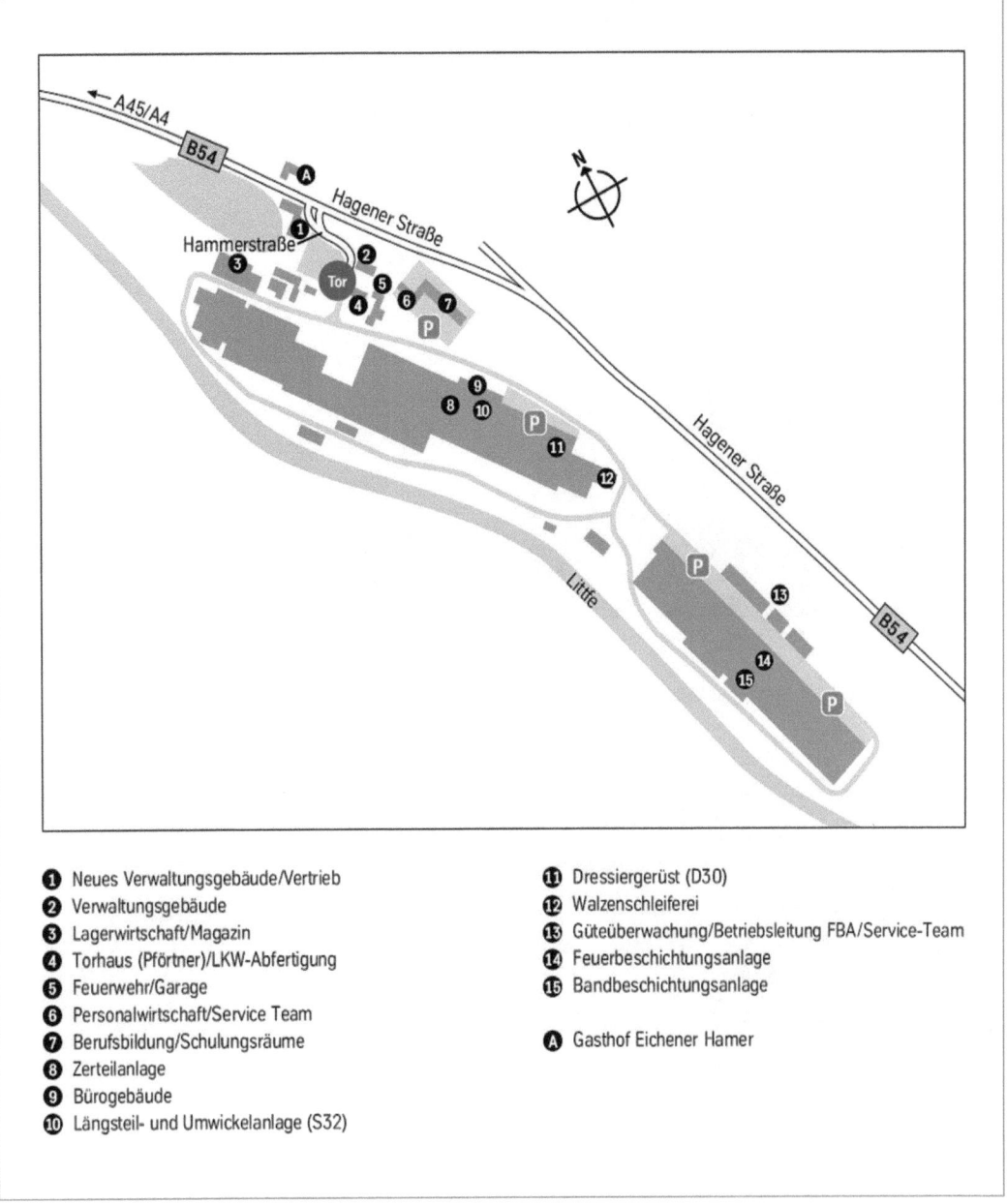

Abb. 4

① Neues Verwaltungsgebäude/Vertrieb
② Verwaltungsgebäude
③ Lagerwirtschaft/Magazin
④ Torhaus (Pförtner)/LKW-Abfertigung
⑤ Feuerwehr/Garage
⑥ Personalwirtschaft/Service Team
⑦ Berufsbildung/Schulungsräume
⑧ Zerteilanlage
⑨ Bürogebäude
⑩ Längsteil- und Umwickelanlage (S32)

⑪ Dressiergerüst (D30)
⑫ Walzenschleiferei
⑬ Güteüberwachung/Betriebsleitung FBA/Service-Team
⑭ Feuerbeschichtungsanlage
⑮ Bandbeschichtungsanlage

Ⓐ Gasthof Eichener Hamer

Abb. 2–4: Entwicklung des Walzwerkes, sichtbar auf Lageplänen, 1914 (Entwicklung seit 1868) sowie 1948 und 2014 (Hüttenwerke Siegerland (Hrsg.): Betriebszeitung „Unser Werk". 3/1956. S.12f. Sowie Standortkarte Kreuztal 2014 unter www.thyssenkrupp-steel-europe.com/tiny/dfn/download.pdf)

Abb. 5: Arbeiter am Reversiergerüst, 1938 (Hüttenwerke Siegerland (Hrsg.): Betriebszeitung „Unser Werk". 2/1968. S.19.)

Abb. 6: Warmwalzstraße I+II, „eine Knochenarbeit", seit 1954 außer Betrieb (Fotograf: Hoesch Siegerlandwerke, Archiv Nr. 165, Originalbeschriftung ca. 1952, Stadtarchiv Kreuztal)

Abb. 7: Platinenschere im Betrieb bis 1954 (Fotograf: Hoesch Siegerlandwerke, Archiv Nr. 176, Originalbeschriftung ca. 1952, Stadtarchiv Kreuztal)

Abb. 8: Warmwalzstraße III + IV, außer Betrieb seit 1954 (Fotograf: Hoesch Siegerlandwerke, Archiv Nr. 166, Originalbeschriftung ca. 1952, Stadtarchiv Kreuztal)

Abb. 9: Warmwalzstraße I+II, seit 1954 außer Betrieb (Fotograf: Hoesch Siegerlandwerke, Archiv Nr. 169, Originalbeschriftung ca. 1952, Stadtarchiv Kreuztal)

Abb. 10   Abb. 11

Bearbeitung von Profil-Stahlblechen, 1950er Jahre (Fotograf: Klaus Messerschmidt, Stadtarchiv Kreuztal)

Abb. 12: Arbeiter im Walzwerk Eichen, 1950er Jahre (Repro: Dieter Wörster, Stadtarchiv Kreuztal)

Abb. 13

Abb. 14

Start eines Sonderzugs der Eisenbahn zur Betriebsfahrt vom Werksgleis, 1950er Jahre (Fotograf: unbekannt, Stadtarchiv Kreuztal)

Abb. 15: Im Fertiglager des Bauteilwerks nach der Hochwasserkatastrophe am 15. Juni 1968 (Hüttenwerke Siegerland (Hrsg.): Betriebszeitung „Unser Werk". 2/1968. S.38f.)

Abb. 16: Überschwemmte Glüherei nach der Hochwasserkatastrophe am 15. Juni 1968 (Hüttenwerke Siegerland (Hrsg.): Betriebszeitung „Unser Werk". 2/1968. S.38f.)

„Uff dem Hamer" – Arbeit im Wandel der Zeit

Abb. 17: Hainchen-Siedlung, 1956 (Hüttenwerke Siegerland (Hrsg.): Betriebszeitung „Unser Werk". 6/1956. S.10.)

Abb.18: Die Bockelbach-Siedlung: Siedlung erbaut von Mitarbeitern des Eichener Walzwerks, im Vordergrund die Blefa-Siedlung (heute: Ende der Kirbergstraße), Dächer mit Blechen des Walzwerks gedeckt, 1950er Jahre (Fotograf: unbekannt, Stadtarchiv Kreuztal)

Abb. 19: Häuser für Werksmitarbeiter in der Bockelbach-Siedlung: Weiherstraße (heute: Am Fischteich), Siedlung erbaut von Mitarbeitern des Eichener Walzwerks, 1950er Jahre, Dächer mit Blechen des Walzwerks gedeckt (Fotograf: unbekannt, Stadtarchiv Kreuztal)

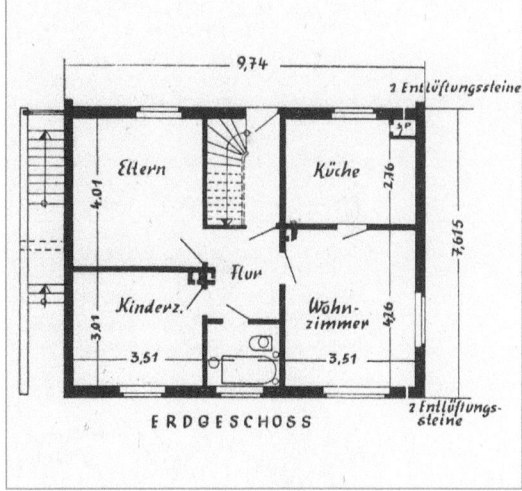

Abb. 20: Standardisierter Grundriss eines Gebäudes der Hainchen-Siedlung, 1956 (Hüttenwerke Siegerland (Hrsg.): Betriebszeitung „Unser Werk". 6/1956. S.10.)

Hütten- und Walzwerks-Berufsgenossenschaft
SCHULUNGSSTÄTTE FÜR ARBEITSSCHUTZ

Postanschrift: Hütten- und Walzwerks-Berufsgenossenschaft
Schulungsstätte f. Arbeitsschutz · Gelsenkirchen, Wanner Str. 153

Fernsprecher Gelsenkirchen 26973

An die

Hüttenwerke Siegerland A.G.
Werk Eichen

E I C H E N/Kreis Siegen

In der Antwort bitte angeben: Ihr Schreiben vom   Ihr Zeichen

Dr.K./Qu.   -   -

Betrifft:

GELSENKIRCHEN, 2. Juli 1959
Wanner Straße 153

Sehr geehrte Herren !

Mit großer Freude haben wir der monatlichen Statistik der Hütten- und Walzwerks-Berufsgenossenschaft entnommen, daß es Ihrem Werk im Monat Mai 1959 gelungen ist, ohne einen meldepflichtigen Unfall zu arbeiten.

Aus diesem Anlaß erlauben wir uns, Ihnen und Ihren Mitarbeitern unsere verbindlichsten Glückwünsche zu übersenden.

Wir hoffen, daß diejenigen Ihrer Mitarbeiter, die bereits an einem Unfallverhütungslehrgang der "Schulungsstätte für Arbeitsschutz" teilgenommen haben, am Zustandekommen Ihres Mai-Ergebnisses besonders vorbildlich mitgewirkt haben.

Gewiß wird in Ihnen das Bestreben lebendig sein, auch in der Zukunft den erreichten Stand der Arbeitssicherheit zu halten. Es wird mit zum Erfolg Ihrer Anstrengungen beitragen - so gestatten wir uns, Ihnen zu empfehlen - wenn Sie in Ihre Unfallverhütungsarbeit die Herren Ihres Werkes noch intensiver als bislang einschalten, denen während eines Lehrganges an der "Schulungsstätte für Arbeitsschutz" die erforderlichen Kenntnisse und Erfahrungen vermittelt worden sind.

Erweitern Sie den Stamm ausgebildeter Mitarbeiter und spornen Sie ihn ständig zu produktiver Mithilfe an. Unsere Erfahrungen zeigen uns immer wieder, daß damit eine wesentliche Vorbedingung für die Sicherheit an den Arbeitsplätzen eines Werkes erfüllt wird.

Wir wünschen Ihren künftigen Sicherheitsbemühungen nochmals recht viel Erfolg und verbleiben

mit ergebenster Hochachtung !
Der Leiter
der Schulungsstätte für Arbeitsschutz

H. Bol

(Dr. phil. K a r l)

Abb. 21: Belobigung des Werks durch die Hütten- und Walzwerksgenossenschaft im Juli 1959 anlässlich des geringen Unfallgeschehens (Hüttenwerke Siegerland (Hrsg.): Betriebszeitung „Unser Werk". 7/1959. S.205.)

Art der Verletzung	Werk Eichen	Werk Niederschelden
Schnittwunden	14 (31,8%)	6 (5,2%)
Platzwunden	0	3 (2,5%)
Stichwunden	2 (4,5%)	2 (1,7%)
Risswunden	1 (2,3%)	1 (0,9%)
Stoßwunden	1 (2,3%)	2 (1,7%)
Brandwunden	1 (2,3%)	19 (16,4%)
Quetschungen	7 (15,9%)	14 (12%)
Knochenbrüche	4 (9,1%)	6 (5,2%)
Blutergüsse	4 /9,1%)	2 (1,7%)
Gehirnerschütterungen	0	2 (1,7%)
Kapselriss	0	1 (0,9%)
Prellungen	2 (4,5%)	1 (0,9%)
Verstauchungen	2 (4,5%)	36 (31%)
Muskelzerrungen	1 (2,3%)	1 (0,9%)
Verrenkungen	1 (2,3%)	9 (7,8%)
Hautabschürfungen	0	2 (1,7%)
Sonstige	4 (9,1%)	9 (7,8%)
Insgesamt	**44 (100%)**	**116 (100%)**

Tab. 4: Unfallgeschehen – vergleichend im Werk Eichen und Werk Niederschelden der Hüttenwerke Siegerland AG zwischen Oktober 1961 bis März 1962 (O.V.: Das Unfallgeschehen der Hüttenwerke Siegerland AG (Oktober 1961 bis März 1962). In: Hüttenwerke Siegerland (Hrsg.): Betriebszeitung „Unser Werk". 9/1965. S.242f.)

Abb. 22: Belegschaftshaus des Werkes, 1954 (Hüttenwerke Siegerland (Hrsg.): Betriebszeitung „Unser Werk". 4/1954. S.5.)

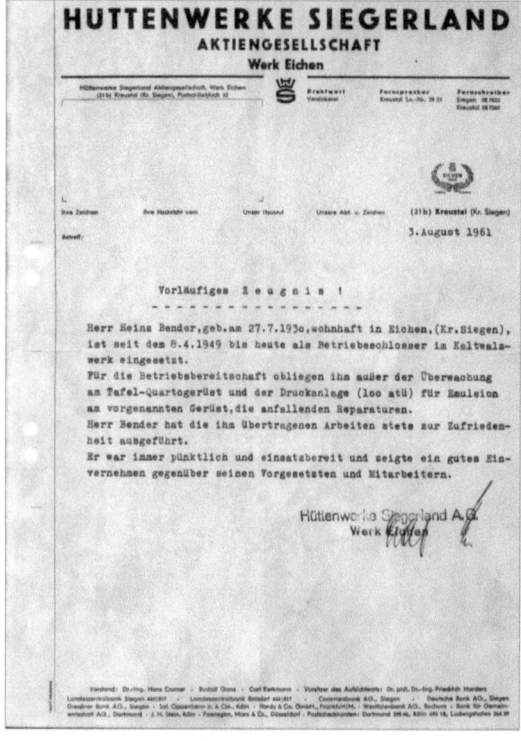

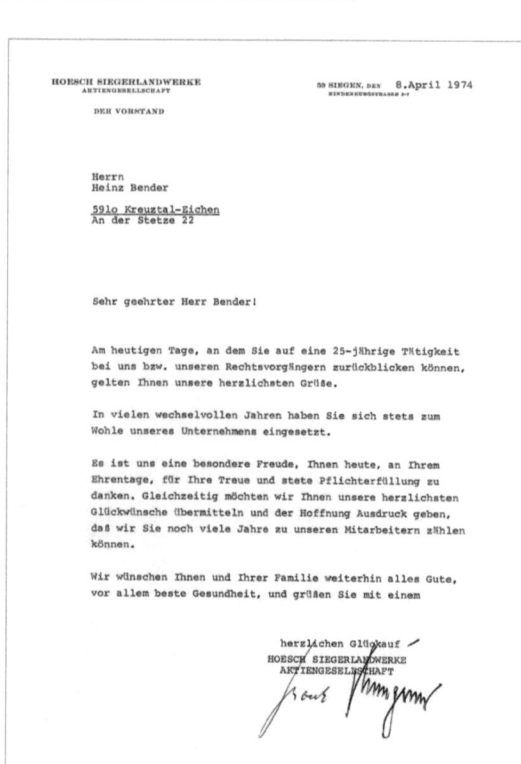

Abb. 23: Dokumente eines Arbeitslebens im Walzwerk Eichen – Dienstausweis (1954), Zwischenzeugnis (1961) und Jubiläumsurkunde (1974) von Heinz Bender

GUT für Schulen.

Der Wettbewerb für Schulprojekte.

Ausgezeichnetes Projekt
Wandel der Arbeitswelt im Siegerland

Ausgezeichnete Schule
Clara-Schumann-Gesamtschule

Ausgezeichnete Idee
Platz 8

Sparkasse Siegen

Abb. 24: Urkunde des Wettbewerbs „Gut für Schulen" der Sparkasse Siegen für den Projektkurs, 6.12.2013

Exkurs 2: Steckbriefe der Interviewpartner

Name: Rudolf Zwingmann
Geburtsjahr: 1930
Eintritt ins Werk Eichen: 1959

Aufgaben im Werk Eichen:
Technischer Leiter des Werks Eichen, Betriebschef der Bandverzinkungsanlagen in Eichen und Ferndorf

---

Name: Beate Fugmann
Geburtsjahr: 1955
Eintritt ins Werk Eichen: 1971

Aufgaben im Werk Eichen:
Auszubildende (Chemielaborantin), Laborleiterin, Projektleiterin in der Qualitätsprüfung (Fahrzeug- und Bauindustrie)

Name: Jürgen Otto
Geburtsjahr: 1951
Eintritt ins Werk Eichen: 1976

Aufgaben im Werk Eichen:
Mess- und Regelmechaniker, Ausbilder für Mess- und Regeltechnik, Teamleiter des Technikzentrums

Name: Heinz-Joachim Klose
Geburtsjahr: 1965
Eintritt ins Werk Eichen: 1980

Aufgaben im Werk Eichen:
Auszubildender (Mess- und Regelmechaniker), Ausbilder im Technikzentrum, Fachkoordinator (in Duisburg), Teamleiter des Technikzentrums

---

Name: Tommy Saßmannshausen
Geburtsjahr: 1987
Eintritt ins Werk Eichen: 2007

Aufgaben im Werk Eichen:
Auszubildender im dualen Studium (Bürokaufmann / Diplom-Kaufmann), Projektleiter für Entwicklungsprodukte

Name: Tolga Sözen
Geburtsjahr: 1991
Eintritt ins Werk Eichen: 2011

Aufgaben im Werk Eichen:
Auszubildender im dualen Studium (Industriemechaniker / Maschinenbauingenieur)

Name: Marcel Szöke
Geburtsjahr: 1975
Eintritt ins Werk Eichen: 2011

Aufgaben im Werk Eichen:
Aufgaben im Werk Eichen: Umschüler (Industriemechaniker)

Name: Sahin Aydogan
Geburtsjahr: 1991
Eintritt ins Werk Eichen: 2012

Aufgaben im Werk Eichen:
Auszubildender (Verfahrensmechaniker)

Name: Auszubildender 1
Geburtsjahr: 1995
Eintritt ins Werk Eichen: 2011

Aufgaben im Werk Eichen:
Auszubildender (Elektroniker für Betriebstechnik)

Name: Auszubildender 2
Geburtsjahr: 1987
Eintritt ins Werk Eichen: 2010

Aufgaben im Werk Eichen:
Auszubildender (Mechatroniker)

Name: Auszubildender 3
Geburtsjahr: 1988
Eintritt ins Werk Eichen: 2012

Aufgaben im Werk Eichen:
Auszubildender (Elektroniker für Betriebstechnik)

Name: Auszubildender 4
Geburtsjahr: 1996
Eintritt ins Werk Eichen: 2012

Aufgaben im Werk Eichen:
Auszubildender (Mechatroniker)

Name: Auszubildender 5
Geburtsjahr: 1995
Eintritt ins Werk Eichen: 2011

Aufgaben im Werk Eichen:
Auszubildender (Elektroniker für Betriebstechnik)

Wir leben Stahl!
Wandel der Arbeitswelt

Arbeiter im Eichener Walzwerk der Hüttenwerke Siegerland, 1950er Jahre (Repro: Dieter Wörster, Stadtarchiv Kreuztal)

Einführung

Clara Luisa Mai

Es gab eine Zeit, in der es hieß: „Schwielen an den Händen haben mehr Ehre als ein goldener Ring am Finger."[81] Körperlich anstrengende Arbeit war damals angesehener und vor allem verbreiteter als der bloße Kampf um den Profit. Eine Aussage zur heutigen Arbeitswelt könnte wahrscheinlich so aussehen: „Das, was die Menschen den Kampf ums Dasein nennen, ist also nichts anderes als der Kampf um den Aufstieg."[82]

Wie aber kommt es dazu, dass sich solche Aussagen bezüglich der Arbeitswelt verändern, und welche Aspekte tragen zum „Wandel der Arbeit" bei?

Man kann sagen, dass sich die Einstellungen zur Arbeit und die dazugehörigen Werte in den letzten Jahrhunderten gewandelt haben und sich immer weiter ändern werden. Für diesen Prozess gibt es die unterschiedlichsten Gründe, da man den Begriff „Arbeit" nicht allein betrachten kann, sondern im gesamten Gebilde der gesellschaftlichen Struktur betrachten muss.

Die Arbeitswelt reagiert auf Veränderungen der politisch-gesellschaftlichen und wirtschaftlich-technischen Rahmenbedingungen, passt sich diesen an und wirkt wieder auf die Gesellschaft zurück. Es handelt sich hierbei um eine Art Kreislauf. Es wäre fatal, wenn man bloß einen Teil herausnähme und versuchte den Wandel daran zu erläutern. Veränderungen der Arbeit geschehen durch gesellschaftliche Ereignisse, politische Entscheidungen, technische Fortschritte und vieles andere mehr. In einer vielfältigen Wechselwirkung hängt alles zusammen.[83]

Oft sind es historische Ereignisse, die auf verschiedene Branchen einwirken und deren Auswirkungen zu einem Wandel führen. Die zum Teil lebensverändernden Ereignisse können die unterschiedlichsten Ursachen, Folgen, Ausprägungen und Konsequenzen haben.[84] Sie betreffen einen oder mehrere Bereiche des gesellschaftlichen Gebildes und wirken schließlich auf alle. Zu diesen historischen Faktoren zählen beispielsweise Krisen, wie die Weltwirtschaftskrise 1929, bei der am 24. Oktober die New Yorker Börse zusammenbrach und deren Folgen die ganze Welt tragen musste.[85]

Ein Beispiel für einen historisch-politischen Prozess, der die Arbeitswelt beeinflusst, wäre Krieg. Kriege entstehen durch politische Konflikte und beeinträchtigen die Volkswirtschaft, technische Fortschritte und das gesellschaftliche Leben. In solchen Ausnahmezuständen ändert sich vieles.

Im Zweiten Weltkrieg mussten beispielsweise Frauen in Rüstungsfabriken arbeiten, weil ihre Männer im Kriegseinsatz, gefallen, gefangen oder invalid waren.[86] Vorher war es weniger üblich, dass Frauen in Fabriken arbeiteten. Sie waren laut gesellschaftlicher Norm für den Haushalt und die Kindererziehung zuständig oder in anderen Berufen, als Sekretärin oder Dienstmädchen etwa, tätig. Vor allem in der Wilhelminischen Epoche prägten „die drei K" – Kinder, Küche, Kirche – das Alltagsleben der Frau.

Zu den „negativen Faktoren" passen ebenfalls Umweltkatastrophen, wie die Nuklearkatastrophe von Fukushima vom 11. März 2011. Nach solchen Ereignissen geraten Leben und Wirtschaft an den betroffenen Orten – und durch die Globalisierung manchmal sogar Wirtschaftseinheiten in anderen Teilen der Welt – aus den Fugen. Die Politik versucht anschließend ähnlichen Katastrophen vorzubeugen, indem sie beispielsweise versucht, von Atomkraft auf erneuerbare Energie umzustellen, und leitet so bewusst einen Wandel der Arbeitswelt ein.

Weniger katastrophale als vielmehr oft erfolgreich verändernde Ereignisse wären technische Fortschritte wie die Entwicklung der Dampfmaschine oder der Eisenbahn. Diese beiden Kernerfindungen gehören zum Prozess der Industrialisierung im 18. Jahrhundert. Das war der Übergang von agrarischer zu industrieller Produktion.[87] Fundamental veränderten sich nicht nur die Arbeitsverhältnisse, sondern es fand eine Beschleunigung der Urbanisierung, das heißt eine Ausbreitung der städtischen Lebensweisen und eine damit verbundene Landflucht, statt.

Dieser Wandel führte zu gesellschaftlichen Strukturwechseln und veränderte beispielsweise die Familienstrukturen drastisch. Die Landbevölkerung zog zusehends in die Stadt, um dort Arbeit in den vielen entstehenden Fabriken zu finden. Auf kulturelle, religiöse und familiäre Verhältnisse und Bindungen wurde nicht mehr so stark wie zuvor Rücksicht genommen und anonymere Lebensformen entstanden mit neuen Formen der Freizeitbeschäftigung.[88]

Exemplarisch kann man am letzten Beispiel auch verdeutlichen, dass historische Faktoren zu einem Wechsel der vorherrschenden Branchen führen können. Als aus der Agrargesellschaft eine industrielle wurde, wurde der größte Anteil der Beschäftigten Fabrikarbeiter.

Einen Wandel in der Arbeitswelt der letzten 200 Jahre kann man auch daran ersehen, wer arbeitet. Früher arbeiteten auch Kinder, um Geld für das Lebensnotwendige zu verdienen, die Familienkasse aufzustocken. Erste Einschnitte der Kinderarbeit gab es in der zweiten Hälfte des 19. Jahrhunderts durch den Pauperismus, die Zeit der Massenverarmung. Zu den Maßnahmen gegen diese gehörte es, weniger Kinder einzustellen.

1833 gab es beispielsweise in England eine Arbeitszeitbegrenzung und ein Verbot der Nachtarbeit für Jugendliche.[89] Der politische Trend zur Zurückdrängung der Kinderarbeit geschah aber nicht nur aus sozialen Motiven. Ein Grund für bessere Arbeitsbedingungen der Erwachsenen und den Rückgang der Kinderarbeit war auch, dass sich verkrüppelte Männer nicht als Soldaten eigneten.[90] Heute hingegen ist Kinderarbeit in Industriestaaten verboten. Auch in der Beschäftigung von Frauen hat sich viel verändert.

Mittlerweile ist es legitim, wenn die Frau arbeiten geht. Aber das war nicht immer so. Seit der Frauenbewegung, die ihren Ursprung zur Zeit der Französischen Revolution im 18. Jahrhundert hatte, war dies ein langwieriger Prozess. Wesentlich für die Stellung der Frau war beispielsweise das Wahlrecht, das am 12. November 1918 in Deutschland in Kraft trat.

Die Menschen, die arbeiten, kann man auch nach Berufsgruppen bzw. Beschäftigungsverhältnissen unterteilen. Deren Anteil an der gesamten Arbeitswelt ändert sich – und dadurch auch die Gesellschaftsstruktur. Es gibt beispielsweise heute weniger Arbeiter und mehr Angestellte im Dienstleistungsbereich als früher. Hinzu kommt der Wandel des Begriffs „Arbeiter". Tätigkeiten eines Arbeiters heute sind nicht gleichzusetzen mit denen eines Arbeiters von früher.[91]

Manches Mal waren auch konkrete politische Entscheidungen die Arbeitswelt betreffend für einen Wandel verantwortlich. Die Sozialgesetzgebung Bismarcks – dazu zählen die 1883 in Kraft getretene Krankenversicherung, die 1884 beschlossene Unfallversicherung und die Altersversicherung von 1889[92] – hat ihren Teil zu besseren Bedingungen beigetragen und die Arbeitssicherheit, -verträglichkeit und -zufriedenheit gesteigert.

Weitere Aspekte des Wandels sind Arbeitszeit, Vergütung, Ausbildung und Aufstiegschancen. Die Arbeitszeiten sind im Vergleich zu früher in Deutschland gesunken.[93] Das Renteneintrittsalter ist hingegen gestiegen. Die Vergütung von Arbeit passt sich in der Regel an die Lebenshaltungskosten in einem Land an. Während der (teilweise sogar Hyper-) Inflation von 1914 bis 1923 änderten sich die Preise für Waren teilweise täglich und die Löhne stiegen dementsprechend ins Unermessliche. Trotzdem war dies eine Zeit der Not, da die Lohnentwicklung stets langsamer voranschritt als die Preisentwicklung.

Heute ändern sich die Preise nicht täglich, aber der Zusammenhang zwischen Vergütung und Lebenshaltungskosten ist dennoch erkennbar. Das Phänomen Arbeitslosigkeit tritt immer wieder auf. In den „Goldenen Zwanzigern" gab es beispielsweise aufgrund der florierenden Wirtschaft mehr Arbeitsplätze als Arbeitssuchende und damit eine geringere Arbeitslosigkeit.

Im Gegensatz dazu gibt es in krisenreichen Zeiten mehr Arbeitslosigkeit. Zu erklären ist dies durch die Konjunktur. Während der konjunkturellen Phase des Aufschwungs steigt die Investitionsbereitschaft von Unternehmern. Technische Fortschritte können erzielt werden, Firmen ausgebaut oder gegründet werden, was eine sinkende Arbeitslosigkeit zur Folge hat. Folgen jedoch darauf der Abschwung und die Depression, werden Investitionen oftmals unterlassen und weniger konkurrenzfähige Unternehmen könnten Liquidationsprobleme bekommen, Arbeiter entlassen und damit die Arbeitslosenzahlen steigen lassen.[94]

Ein weiterer wichtiger Punkt ist die Zufriedenheit der Arbeiter. Dafür wurde in der Geschichte durch viele verschiedene Maßnahmen gesorgt. Manchmal waren diese erfolgreich, manchmal nicht so sehr. Versicherungen halfen in Krisenzeiten, durch Arbeitervereine und Gewerkschaften gab es eine Vertretung der Arbeiter, die für bessere Arbeitsbedingungen und fairen Lohn kämpften.[95] Auch andere Faktoren bestimmen die Zufriedenheit mit.

Außerdem verändert sich der Wert der Arbeit. Die Bedeutung der Arbeit für Menschen wandelt sich, sie ist von Generation zu Generation verschieden.

Was bedeutet materielle Sicherheit? Welchen Wert legt man auf Selbstbestätigung und Selbstverwirklichung?[96] Ein Mensch, der den Krieg miterlebt hat und weiß, wie es ist, am Existenzminimum und in ständiger Bedrohung zu leben, legt vielleicht mehr Wert auf materielle Sicherheit als jemand, der immer Geld auf dem Konto hat, den gut bestückten Supermarkt um die Ecke weiß und in einer sicheren Welt lebt.

Kurz gesagt: Der Arbeitswandel ist ein Prozess, bei dem viele verschiedene politische, gesellschaftliche, wirtschaftliche, technische und historische Faktoren zusammenkommen und eine Veränderung der vorhandenen Strukturen herbeiführen.

Ausbildung

Laura Werthenbach

„Ich wollte eine gute und qualifizierte Ausbildung bekommen." (Tolga Sözen)

Definition

In Deutschland existieren zwei Möglichkeiten der Berufsausbildung: eine schulische und eine duale Form.

In der schulischen Berufsausbildung sind solche Berufe versammelt, die man nicht oder nur bedingt in einem Unternehmen erlernen kann, vor allem Berufe aus dem Gesundheitswesen wie beispielsweise die Krankenpflege. Eine solche schulische Ausbildung dauert zwischen einem und drei Jahren und findet als Vollzeitausbildung in einer Berufsschule oder Fachhochschule statt. Am Ende der Ausbildung stehen verschiedene Prüfungsleistungen, durch deren erfolgreiches Bestehen der Auszubildende einen staatlich anerkannten Abschluss erreicht.

Die duale Berufsausbildung hingegen besteht aus der schulischen und der praktischen Ausbildung, wobei letztere in einem Unternehmen vorgenommen wird. Sie dauert zwischen zwei und dreieinhalb Jahren und endet ebenfalls mit verschiedenen – theoretischen und praktischen – Prüfungen (beispielsweise bei der Handwerks- oder der Industrie- und Handelskammer), deren Bestehen in einen staatlich anerkannten Abschluss mündet.

In der Regel sieht die duale Ausbildung vor, dass der Auszubildende drei bis vier Tage pro Woche im Unternehmen arbeitet. Im schulischen Rahmen werden fachtheoretische Kenntnisse im Rahmen von acht und zwölf Unterrichtsstunden pro Woche vermittelt.[97]

Duale Ausbildung im Werk Eichen in Vergangenheit und Gegenwart

Im Werk Eichen werden junge Menschen in verschiedenen Berufen ausgebildet, die meisten im Berufsfeld des Industriemechanikers, weshalb diese Ausbildung hier näher betrachtet werden soll.

Gegenwärtig dauert die Ausbildung zum Industriemechaniker dreieinhalb Jahre, wobei diese Zeit bei guten Leistungen verkürzt werden kann. Vorausgesetzt wird eine Fachoberschulreife oder ein höherwertiger Abschluss.

Da ein Industriemechaniker für das Aufrechterhalten und Wiederherstellen der Funktion von Maschinen und Anlagen zuständig ist, werden diese Fertigkeiten in der Ausbildung vermittelt. Es geht dabei um das Inspizieren, Warten und Instandsetzen, wozu auch Montage-/Demontagearbeiten, Prüf- und Messarbeiten sowie gezielte Fehlersuche und -behebung gehören. Weitere Schwerpunkte der Ausbildung sind Arbeitssicherheit und Umweltschutz sowie das Erstellen und Anwenden technischer Unterlagen.

Bei ThyssenKrupp Steel Europe ist es außerdem erwünscht, dass Auszubildende noch weitere Lehrgänge besuchen. Dies kann beispielsweise ein ECDL- (Europäischer Computerführerschein) oder ein Erste-Hilfe-Kurs sein, aber auch eine Bildungsfahrt oder ein Team-Seminar.

Auch die Auszubildenden schätzen dies, wie in einem Interview besonders deutlich wurde, denn Tolga Sözen meinte, er habe bei ThyssenKrupp Steel Europe angefangen, weil er eine gute und qualifizierte Ausbildung habe erhalten wollen, in der er sich weiterbilden könne.

In der Berufsschule erhalten die Auszubildenden allgemeinbildenden und berufsbildenden Unterricht. ThyssenKrupp Steel Europe befürwortet in Eichen den wöchentlich begleitenden Unterricht, da man der Überzeugung ist, dass Blockunterricht der Vernetzung von theoretischem und praktischem Wissen nicht zuträglich ist. Im Interview meinte der Teamleiter Heinz-Joachim Klose dazu, die Auszubildenden würden durch den Blockunterricht das bisher Gelernte aus der Berufsschule durch den zeitlichen Abstand zum Berufsschulunterricht schneller vergessen als im wöchentlichen Berufsschulunterricht.

Um einen Eindruck von der Bewerbung für eine und den Ablauf in einer Ausbildung im Werk Eichen zu haben, wurden viele Interviewpartner daraufhin befragt. Es wurde klar, dass sich zurzeit etwa 200 bis 250 Schülerinnen und Schüler pro Jahr auf die 30 Ausbildungsplätze bewerben. Etwa 70 bis 80 von ihnen werden zu Auswahlgesprächen eingeladen, die der Teamleiter des Technikzentrums, ein Betriebsrats-vertreter und der Ausbilder führen. Momentan lernen 94 Auszubildende am Standort Eichen einen technischen Beruf und 16 Auszubildende einen kaufmännischen Beruf. Von ihnen ist die größte Zahl männlich, insbesondere im technischen Teil, insgesamt werden derzeit 4 Frauen ausgebildet. Im Interview betonte Herr Klose, dass trotz des familiären Klimas im Werk früher junge Frauen in einer technischen Ausbildung Probleme hatten. Es war schwierig, sich in einem technischen Umfeld durchzusetzen.

Mittlerweile hat sich dies geändert. Laut Aussage von Herrn Klose stellt das Werk seit drei Jahren vermehrt junge Frauen in technischen Berufen ein und macht damit durchweg gute Erfahrungen. Dem bisher oftmals ungeförderten Potential von Frauen in Männerberufen tritt das Unternehmen ThyssenKrupp Steel Europe aktiv entgegen.

Der Tagesablauf der Auszubildenden im Werk sieht dann wie folgt aus: Der Arbeitsbeginn ist um 6 Uhr, um 9 Uhr folgt eine 15-minütige Pause. Danach arbeiten die Auszubildenden bis 12 Uhr, woran sich eine Mittagspause von 45 Minuten anschließt. Um 14 Uhr ist Feierabend. Sollte es Probleme geben, können sich die Auszubildenden heute jederzeit an ihren Ausbilder, den Betriebsrat oder die Jugend- und Auszubildendenvertretung wenden.

Im Vergleich zwischen früher und heute gibt es in der Ausbildung manche Gemeinsamkeiten, aber auch viele Unterschiede.[98]

Die Ausbildung dauerte in den meisten Berufen auch in den 1950er Jahren bereits drei Jahre, ebenso gab es bereits Berufsschulen, sodass eine duale Ausbildung entstand. Im schulischen Bereich wurden Fachinhalte und Allgemeinwissen vermittelt. Allerdings begann die Ausbildung häufig früher, denn 80% der Schüler verließen die Volksschule bereits mit 14 Jahren.

Entscheidend hat sich auch das Wesen der Arbeit geändert. Diese war in den 1950er Jahren körperlich sehr anstrengend. Die nötige Muskelkraft war gerade in Ausbildungsrichtungen, die im Walzwerk angeboten wurden, eine wichtige Voraussetzung für den Lehrling, wohingegen ein befriedigender Volksschulabschluss ausgereicht hätte.

Jürgen Otto, von 1986 bis 2010 Teamleiter des Technikzentrums Siegerland, sprach im Interview insbesondere das Klima zwischen Ausbildern und

Auszubildenden an. Er betonte, dass ein familiäres Miteinander erwünscht sei. Das beginne schon damit, dass er jeden Morgen zunächst einen Rundgang gemacht habe, um sich einen Eindruck von jedem Einzelnen zu verschaffen. Wenn er gemerkt habe, dass es Probleme gegeben habe, dann habe er den Auszubildenden in einem Vier-Augen-Gespräch befragt, um so ein persönliches Verhältnis zu schaffen. Sein Nachfolger, Heinz-Joachim Klose, führt dieses familiäre Miteinander weiter.

Dieses gute Klima bestätigen auch die jetzigen Auszubildenden, die in ihren Interviews von einem sehr angenehmen und familiären sowie hilfsbereiten Umfeld sprachen.

Mitarbeiter

Heike Wolter

„Die Mitarbeiter müssen heute mehr können als früher. Vieles ist komplexer geworden." (Beate Fugmann)

Definition

Als Mitarbeiter wird hier ein abhängig beschäftigter Arbeitnehmer verstanden, der auf der Grundlage eines Arbeitsvertrages Dienstleistungen für ein Unternehmen erbringt. Es handelt sich um Angestellte, Arbeiter und Auszubildende.

Der Begriff Mitarbeiter stärkt das Thema des Miteinanders im Wortsinn. Es geht darum, die Arbeitnehmer mit einzubeziehen und mittels einer guten Mitarbeiterführung, -beteiligung und -beurteilung möglichst hohe Leistung im Unternehmen zu erziehen.

Mitarbeiter im Werk Eichen in Vergangenheit und Gegenwart

Alle Interviewpartner waren oder sind Mitarbeiter im Werk Eichen der ThyssenKrupp Steel Europe. Die meisten kommentierten diesen Status nicht. Viele der Auszubildenden hoben hervor, dass ein gutes Miteinander vor allem mit den Vorgesetzten bei guten Leistungen zustande kam.

Ältere Mitarbeiter, die bereits auf längere Erfahrung im Werk zurückblicken konnten, umrissen das Thema ausführlicher. Besonders Rudolf Zwingmann äußerte sich als ehemaliger Werksleiter ausführlich dazu. Schließlich konnte er alle Beschäftigungsebenen überblicken.

Herr Zwingmann berichtete, dass es manchmal Konflikte gegeben habe, denn es gebe ja aus Sicht eines Werksleiters vier Gruppen mit unterschiedlichen Bedürfnissen. Zum einen sei da der Vorstand mit seinen Erwartungen, dann hätten die Kunden Wünsche bzw. ab und zu auch Beschwerden, weiterhin trete die Belegschaft an einen Werksleiter mit Meinungen und Bedürfnissen heran und schließlich seien die unmittelbar untergebenen Mitarbeiter manchmal im positiven Sinne „eigensinnig" gewesen. Trotzdem betonte Herr Zwingmann das gute Miteinander. Er fasste aber auch zusammen, dass man als Werksleiter recht einsam sei, weil man oft auch gegen den Willen der Mitarbeiter bestimmte Dinge durchsetzen müsse. Er sah es so, dass man es einfach nicht immer allen recht machen könne.

Tommy Saßmannshausen beschrieb vor allem die Veränderungen für den einzelnen Mitarbeiter zwischen Vergangenheit und Gegenwart. Er meinte, die Arbeit sei heute sehr multifunktional und in einer leitenden Funktion müsse man viel selbstständig arbeiten, weil sich die Arbeitsbereiche spezialisiert hätten.

Zudem beschwor Herr Saßmannshausen noch einmal die gute Arbeitsatmosphäre, die er wie in einer Familie beschrieb. Zur Kommunikation zwischen Mitarbeitern und Vorgesetzten merkte er an, dass man diese mit „hart aber fair" bezeichnen könne. Es gebe eine offene und ehrliche Kommunikationskultur und man könne alles ansprechen.

Beate Fugmann ergänzte, dass es eine besondere Herausforderung in jedem großen Unternehmen sei, die Entscheidungswege kurz zu halten. Es gebe heute viele Leitbilder und Regeln, die das Werk zum Funktionieren brächten. Zum Verhältnis zwischen Vorgesetzten und Mitarbeitern meinte sie, alles sei heute viel partnerschaftlicher und demokratischer geworden im Gegensatz zur früheren Hierarchie.

Ihr war wichtig zu betonen, dass im Werk eine intakte Teamkultur bestünde und dass jeder immer daran denken müsse, dass beim guten Miteinander im Werk der Ton die Musik mache.

Beschäftigung von behinderten Menschen

Sheila Meier

„Eine Topkraft im Labor oder in der Verwaltung." (Rudolf Zwingmann)

Definition

Vertreter der Behindertenbewegung sagen: „Behindert ist man nicht, behindert wird man."[99]

Wenn Menschen mit einer Behinderung in einem Unternehmen arbeiten, dann geht es genau darum, dass man sie nicht behindert, sondern in das Arbeitsleben einbezieht.

Trotzdem gibt es eine Rechtsdefinition und besondere Regelungen zur (Schwer)Behinderung.[100] Schwerbehinderung bedeutet, dass eine Behinderung von mindestens 50 Prozent vorliegt. Diesen Menschen wird ein besonderer Schutz nach dem Sozialgesetzbuch gewährt. Dieser umfasst auch die Beschäftigungspflicht.

Jedes Unternehmen mit mehr als 20 Mitarbeitern soll auf 5 Prozent der Arbeitsplätze einen Schwerbehinderten einsetzen. Sonst muss eine Ausgleichsabgabe bezahlt werden.

Außerdem sollen zwei Ausbildungsplätze für Schwerbehinderte zur Verfügung stehen. Dies ist eine Fürsorgepflicht des Arbeitgebers für behinderte Menschen in der Gesellschaft. Zudem muss ein Arbeitgeber dafür sorgen, dass möglichst viele Behinderte beschäftigt werden können, indem beispielsweise der Arbeitsplatz mit den erforderlichen technischen Hilfsmitteln ausgestattet wird. Dafür gibt es eine staatliche Förderung. Außerdem soll es im Unternehmen eine Schwerbehindertenvertretung geben.

Es gibt auch besondere Regelungen für Schwerbehinderte in der Gewährung von Urlaub, beim Thema Kündigungsschutz und Arbeitszeit.

Insgesamt dürfen Schwerbehinderte nicht diskriminiert werden.

Beschäftigung von behinderten Menschen im Werk Eichen in Vergangenheit und Gegenwart

Nach dem 2. Weltkrieg meinte die Beschäftigung von Behinderten in erster Linie: Kriegsversehrte. Diese haben im Werk Eichen gearbeitet. Rudolf Zwingmann meinte dazu: „Ein Betrieb ist eine hochsensible Organisation mit Arbeitsplätzen in Produktion, Instandhaltung, Labor, Versand, allgemeiner Verwaltung und Management auf verschiedenen hierarchischen Ebenen. Es gibt nicht ‚den Kriegsversehrten'. Ein Kriegsversehrter mit beispielsweise Arm- oder Beinverlust ist in der Produktion nicht zu gebrauchen, kann aber eine Topkraft im Labor oder in der Verwaltung sein. Es kam also auf die Art und Schwere der Verletzung an sowie auf die Fähigkeiten des Betreffenden. Wenn eine Beschäftigungsmöglichkeit bestand, wurden solche Leute ohne weiteres auch eingestellt."

Auch später gab es immer wieder Menschen im Werk, die nicht (mehr) voll einsatzfähig waren. Ihnen konnten mehrheitlich Arbeitsplätze zugewiesen werden, die ihren Bedürfnissen entsprachen. Das waren vor allem: Platzbetrieb, Magazin, Boten, Pförtner.[101]

Durch Automatisierungen und Rationalisierungen fielen aber immer mehr dieser Arbeitsplätze weg, sodass die werksinterne Regelung nicht mehr ausreichte. Deshalb wurden politische und finanzielle Maßnahmen zur Steuerung der Teilhabe getroffen, um gezielt für behinderte Menschen Arbeitsplätze zu schaffen.

So ist heute im Sinne der Arbeitssicherheit und der Inklusionshilfe für behinderte Menschen am Arbeitsplatz der Arbeitgeber verpflichtet, auf die speziellen Bedürfnisse behinderter Arbeitnehmer einzugehen. ThyssenKrupp sieht das am Standort Eichen als wichtig an. 2012 waren etwas mehr als 7 Prozent der Mitarbeiter schwerbehindert, aktuell sind es 8,6 Prozent.[102]

Deren Beeinträchtigungen durch Unterstützungsmaßnahmen auszugleichen und einen passenden Arbeitsplatz anzubieten bedeutet beispielsweise, dass das Unternehmen dafür sorgen muss, dass Umkleide-, Dusch-, Toiletten- und Pausenräume zugänglich, das heißt barrierefrei, sind. Es sollte also Auffahrrampen, Aufzüge, ausreichend groß geschnittene Räumlichkeiten, Gänge, Türdurchfahrten etc. geben. In Eichen wurde im Eingangsbereich des Hamers eine elektrische Bühne für Rollstuhlfahrer installiert. Außerdem sind die Seminarräume einerseits im Erdgeschoss gelegen und andererseits auch großräumig angelegt. Zudem gibt es im Werksareal Aufzüge und Rampen für körperlich eingeschränkte Personen. Aber es wurden auch Arbeitsräume entsprechend um- und ausgebaut.

So gibt es beispielsweise eine Krananlage mit elektrischem Antrieb, einen Einhandzugschlepper für die schweren Rollenwagen und eine Klimaanlage im Schleifraum.

Arbeitssicherheit

Diana Jandretzki

„Sicherheit – darauf hat sich das Unternehmen spezialisiert." (Tommy Saßmannshausen)

Definition

Wesentlich für die Arbeitssicherheit sind unter anderem die Bereiche Umwelt- und Naturschutz, Gesundheits- und Ideenmanagement, Brandschutz sowie Arbeitsschutz. Letzterer ist für den einzelnen Beschäftigten am ehesten fassbar, beispielsweise durch Kleidungsvorschriften.

Die Arbeitssicherheit endet aber nicht bei der Kleidung, sondern umfasst auch viele allgemeine Werksvorschriften, zum Beispiel zu Feuerschutzabschlüssen, elektrischen Anlagen, Feuerarbeiten, Heizeinrichtungen, Umgang mit Rauchen und offenem Feuer und viele mehr. Darüber hinaus ist der Arbeitgeber verpflichtet, seine Arbeitnehmer entsprechend diesen Sicherheitsvorschriften auszubilden und zu fördern, ggf. externe Sicherheitsdienste zur Unterstützung zu beauftragen und sich arbeitsmedizinischen und sicherheitstechnischen Berufsgenossenschaften anzuschließen.

Arbeitssicherheit im Werk Eichen in Vergangenheit und Gegenwart

In den Interviews kamen die meisten Teilnehmer bei der Frage nach der Arbeitssicherheit als Erstes auf die Kleidung zu sprechen. Jeder Mitarbeiter – auch jener im Büro – muss im Werk Eichen eine komplette Sicherheitsausrüstung besitzen. Sie besteht aus Helm, Sicherheitsarbeitsschuhen und Arbeitskleidung. Selbst für Besucher gelten diese Vorschriften. Je nach Arbeitsbereich kommen weitere Sicherheitsanforderungen hinzu. Die Arbeit am Hochofen ist beispielsweise nur mit Spezialkleidung gestattet und ein Verstoß gegen die Regeln wird mit arbeitsrechtlichen Maßnahmen geahndet.

Das Werk Eichen hat zudem eine lange Tradition im Bemühen um Unfallvermeidung. Die Unfälle im Werk Eichen lagen seit der Nachkriegszeit stets deutlich unter dem Durchschnitt vergleichbarer Zahlen aus ähnlichen Werken. Beispielhaft kann das am Jahr 1956 gezeigt werden: Schon in diesem Jahr erhielt das Werk Eichen „Bestnoten" (Abb. 21 und Tab. 4). Laut dieser Datensammlung der Hütten- und Walzwerk-Berufsgenossenschaft lag das Werk Eichen im August auf dem zweiten Platz.

Im Gesamtdurchschnitt der Genossenschaft gab es 12,6 Unfälle auf 1000 Versicherte. Eichen lag mit seinen 4,8 Unfällen auf 1000 Versicherte deutlich darunter.[103]

Grund für diese niedrige Quote waren erfolgreiche Rationalisierungs- und Modernisierungsmaßnahmen seit der Wiederinbetriebnahme nach dem Krieg und die strikte Beachtung der Unfallverhütungsvorschriften.[104]

1959 bestätigte sich dieser Trend. Das damals noch sogenannte Hüttenwerk Siegerland AG wurde in diesem Jahr von der Hütten- und Walzwerk-Berufsgenossenschaft ausgezeichnet, da im Mai 1959 kein einziger meldepflichtiger Unfall geschehen war.

Das Motto „Null Unfälle!" ist zwischen damals und heute gleich geblieben.

Betriebliche Mitbestimmung

Mario Noack

„Beteiligung, sprich Mitbestimmung ist ein Schicksalsthema! Keine große Organisation, kein Staat kommt heute ohne mehr Mitbestimmung und Beteiligung aus." (Wolfgang Otto)

Definition

Als Mitbestimmung bezeichnet man allgemein eine institutionelle Teilnahme der Arbeitnehmer am Willensbildungsprozess in einem Unternehmen. Dabei vertritt ein kleiner Teil, üblicherweise ein gewählter Ausschuss – Betriebsrat oder Arbeitnehmervertreter im Aufsichtsrat –, die Interessen der gesamten Arbeiternehmerschaft im Unternehmen. Dadurch ergeben sich Einflussmöglichkeiten auf Unternehmens-, Management- und Vorgesetztenentscheidungen.[105]

Ziele der Mitbestimmung sind die aktive Einflussnahme auf unternehmerische Entscheidungen, die die Arbeitnehmer betreffen, der Ausgleich der Nachteile und Belastungen für Arbeitnehmer, die konstruktive Zusammenarbeit, das Fällen schnellerer und gerechterer Entscheidungen zwischen Arbeitnehmern und -geber, die Kontrolle von Macht, Gleichberechtigung und die Humanisierung der Arbeitswelt. Durch alle diese Maßnahmen kann die Leistungsfähigkeit des Unternehmens gesteigert werden, zum Beispiel schon allein durch die Motivation des mitbestimmenden Arbeitnehmers.

Mitarbeiter möchten vor allem in jenen Bereichen mitbestimmen, die sie unmittelbar betreffen. Das sind folgende:

- Aufklärung über Tätigkeits- und Verantwortungsbereich
- Arbeitsschutz und Gefährdungsbeurteilung
- Vorschlagsrecht und Recht auf Akteneinsicht
- Gestaltung von Arbeitsplatz, -abläufen, -zeiten (auch Zeiterfassung)
- Personalplanung
- Mitarbeiterauswahl, Versetzungen, Kündigungen
- Leistungskontrolle und -beurteilung
- Anreizsysteme
- Interessenausgleich und Sozialplan
- Einführung von IT-Systemen
- Qualifizierungsmaßnahmen
- Aushandlung von Betriebsvereinbarungen

Mitbestimmung im Werk Eichen in Vergangenheit und Gegenwart

In den Interviews wurde schnell klar, dass zusätzlich zu den allgemeinen Aspekten zur Mitbestimmung das Montanmitbestimmungsgesetz eine wichtige Rolle spielt. Es wurde schon 1951 beschlossen und regelt seitdem die Zusammensetzung im Aufsichtsrat eines Montanbetriebes. Die Verteilung der Plätze im Aufsichtsrat unterliegt der 50:50-Regel, das heißt 50 Prozent der Mitglieder sind Arbeitnehmer-, die andere Hälfte Arbeitgebervertreter. Außerdem muss immer eine außerbetriebliche Person benannt sein, die die Interessen der Öffentlichkeit vertritt.

Auf dieser gesetzlichen Grundlage äußerten sich auch die Interviewteilnehmer, aus deren Aussagen folgende Thesen und Aspekte besonders herausgehoben werden können:

Sowohl die älteren Zeitzeugen, die das Unternehmen Jahre oder Jahrzehnte mitgetragen haben, als auch jüngere Arbeitnehmer, die erst kurz im Werk Eichen sind, äußerten sich positiv über die mögliche Mitbestimmung. Sie betonten, dass Mitbestimmung tendenziell zu schnelleren und gerechteren Entscheidungen im betrieblichen Miteinander führt.

Beate Fugmann fasste zur Entwicklung zusammen, dass alles heute viel partnerschaftlicher sei als bei ihrem Start im Werk vor 42 Jahren. Rudolf Zwingmann erinnerte sich, dass es in der Frage von Lohnerhöhungen immer mal wieder Kämpfe zwischen Betriebsrat und Geschäftsführung gegeben habe, aber man habe sich immer wieder zusammengerauft. Auch alle weiteren Interviews legten den Schluss nahe, dass Mitbestimmung eine wichtige Rolle spielt.

Ein starker Unterschied zwischen langjährigen, mithin älteren Arbeitern und jüngeren ließ sich trotzdem feststellen: Je älter der Arbeitnehmer war, desto zufriedener zeigte er sich insgesamt mit seiner Arbeitssituation und auch mit der Mitbestimmung. Die jüngeren Arbeiter stellten in den Interviews deutlich höhere Ansprüche an die Mitbestimmung und signalisierten den Willen zu mehr Einflussnahme im Werk.

Globalisierung

Zühal Dogan

„Das Ganze ist eine sehr diffizile Angelegenheit geworden." (Rudolf Zwingmann)

Definition

Bereits das aus dem Lateinischen stammende Wort „global", das „Kugel" bedeutet, zeigt, dass Globalisierung ein Vorgang ist, der die ganze Welt betrifft. Globalisierung meint die weltweite Vernetzung von Gesellschaften – durch Kommunikation und tatsächlichen materiellen Austausch – in verschiedenen Bereichen, vor allem in der Wirtschaft, aber auch in Politik, Kultur und Natur.

Im allgemeinen Sprachgebrauch steht der wirtschaftsorientierte Aspekt im Vordergrund. In diesem engeren Sinn bedeutet Globalisierung die Verflechtung der Märkte durch weltweite Abhängigkeiten, zum Beispiel Handelsbeziehungen. Diese Verbindungen entstehen zwischen Individuen, aber auch zwischen Organisationen, Institutionen, Unternehmen, Regionen, ganzen Gesellschaften und Staaten.[106]

Globalisierung in der Arbeitswelt des Werks Eichen in Vergangenheit und Gegenwart

Obwohl es bereits seit der Wiedereröffnung des Werks nach dem Zweiten Weltkrieg internationale Kontakte und Handelsbeziehungen gab, ist die Globalisierung ein Prozess, der besonders seit dem Ende des 20. Jahrhunderts in Eichen spürbar wurde. Damals übernahm ThyssenKrupp Steel Europe als Teil der ThyssenKrupp AG das Werk. Der Produktionsschwerpunkt des Unternehmens lag und liegt auf einem wachstumsintensiven Segment in der Stahlerzeugung, dem hochwertigen Qualitätsflachstahl.

ThyssenKrupp Steel Europe versorgt ein breites Spektrum an Branchen mit diesem Werkstoff. Der ehemalige Vorstandsvorsitzende Dr. Karl-Ulrich Köhler sagte dazu im Jahr 2006: „Mit unserer Vorwärtsstrategie werden wir den Sprung von einem europäischen zu einem global aufgestellten Spitzenunternehmen der internationalen Stahlindustrie schaffen. Mit qualitativ hochwertigen, kostengünstigen Brammen aus Brasilien sichern wir unsere künftigen Wachstumschancen, bauen unsere starke Marktposition in Europa aus und stärken unsere Präsenz in Nordamerika."[107]

Man erkennt an dieser Aussage schon wichtige Merkmale oder Herausforderungen der Globalisierung. Es ist wichtig, sich in die Zukunft zu orientieren, dabei qualitativ hochwertig zu arbeiten, aber trotzdem kostengünstig zu sein. Der regionale Schwerpunkt lag erst auf Europa, später kam Nordamerika dazu. Besonders wird der Produktionsstandort Brasilien angesprochen. Er soll eine flexible und kostengünstige Vormaterialbasis schaffen. Die brasilianische Atlantikküste bietet viele Vorteile für global agierende Unternehmen, da die Transportwege optimal bezüglich der Verarbeitungsschwerpunkte liegen. Besonders muss nämlich beachtet werden, dass es günstiger ist, fertige Brammen zu transportieren als voluminöses Eisenerz.[108]

Danach müssen aber in der Ankunftsregion – sprich in Europa – auch entsprechende Weiterverarbeitungsmöglichkeiten bestehen. Das war in den vergangenen Jahren noch begrenzt, aber es werden nun mehr Standorte geschaffen, um die Lieferwünsche der Kunden ganz zu erfüllen.

Im Interview mit dem ehemaligen Werksleiter Rudolf Zwingmann wurde klar, was die beschriebene Entwicklung für das Werk Eichen konkret bedeutete.[109]

Herr Zwingmann bezog sich in seinen Aussagen zur Globalisierung vor allem auf die letzten Jahre. Er erzählte, dass in Eichen Stahl veredelt wird, der dann durch verschiedene Branchen weiter verarbeitet wird. Früher erhielt das Werk Eichen Rohstoffe aus der Region. Seitdem aber die Herstellung des Rohstahls im Ruhrgebiet nicht mehr wesentlich ist, sah sich das Werk Eichen vor großen Schwierigkeiten. Herr Zwingmann führte aus, dass der Standort Eichen diese Krisen nur überleben konnte, weil es eine Spezialisierung auf bandverzinktes und kunststoffbeschichtetes Blech gibt. Er meinte jedoch auch, dass mittlerweile viele Konkurrenten aus dem Ausland im Wissen um dieses Verfahren aufgeholt haben. Es sei wichtig zu wissen, dass durch weltweite Überkapazitäten die Gefahr des Preisdumpings bestünde.

Für den einzelnen Mitarbeiter im Werk Eichen ist die Globalisierung wahrscheinlich am ehesten durch die Halbprodukte und ihre weitere Verwendung ersichtlich. So werden bandverzinkte Stähle an die Automobil- und Haushaltsgeräteindustrie geliefert, wohingegen kunststoffbeschichtete Stähle vor allem im Bausektor benötigt werden. Und dies nicht nur in der Umgebung, sondern weltweit.

Herr Zwingmann erklärte, dass in Eichen und im benachbarten Ferndorf etwa 60.000 bis 80.000 Tonnen Halbzeuge produziert würden. „Das sind Riesenmengen, wenn man sich beispielsweise einen 25-Tonnen-LKW vorstellt. Wie viele von diesen fahren müssen, um das abzutransportieren. Das ist auch ein sehr großes logistisches Problem."[110]

Arbeitszufriedenheit

Jasmin Stimper

„Unter den Arbeitskollegen und mit den Vorgesetzten ist das Klima sehr angenehm." (Sahin Aydogan)

Definition

Grundsätzlich versteht man unter Arbeitszufriedenheit eine „positive (bei Arbeitsunzufriedenheit negative) Einstellung, die aus Bewertungen der allgemeinen Arbeitsverhältnisse und der Erfahrung mit diesen resultiert".[111]

In der Arbeitspsychologie versteht man unter diesem Begriff die Einstellung einer Person gegenüber ihrer Arbeit. Diese äußert sich als emotionale Reaktion auf eine Situation und zeigt mehrere miteinander in Verbindung stehende Einstellungen.

Die Mitarbeiterzufriedenheit ist eine Einstellung, die sich auf das Arbeitsumfeld bezieht. Dabei geht es um den Vergleich zwischen dem erwünschten und dem real wahrgenommenen Arbeitsumfeld. Hier kommt auch noch die Komponente des Unternehmens und seiner Repräsentanten hinzu.

Die Zufriedenheit der Mitarbeiter steigt, wenn sie von ihren Führungskräften respektvoll behandelt werden und mitbestimmen dürfen. Wichtig dabei sind vor allem das Miteinander von Vorgesetzten und Untergebenen (Umgangston, Führungsstil), die Arbeitsplatzsicherung, das Gehalt, die Entwicklungsmöglichkeiten im Unternehmen und Freiheiten in der Gestaltung des Arbeits-Ich. Hinzu kommen externe Faktoren, wie unternehmerische Erfolge, das Ansehen der Firma in der Öffentlichkeit und vieles mehr. Aber auch persönliche Erfolgserlebnisse spielen eine wichtige Rolle.

Zusammenfassend kann gesagt werden, dass „Leistungsbereitschaft und -fähigkeit, hohe fachliche Kompetenz und Arbeitszufriedenheit der Beschäftigten" meist nicht vom wirtschaftlichen Erfolg des Unternehmens zu trennen sind.

Im Fall des Werks Eichen bei ThyssenKrupp Steel Europe bedeutet dies, dass „sichere und gesunderhaltende Arbeitsplätze im Interesse aller Mitarbeiter sowie der Unternehmensführung liegen; sie sind aber ebenso eine wesentliche Bedingung für den Erhalt und den Ausbau der Wettbewerbsfähigkeit ... Die Integration des Arbeitsschutzes in alle Betriebsabläufe, das heißt in technische, ökonomische und soziale Überlegungen von Anfang an, bildet die Voraussetzung dazu."[112]

Arbeitszufriedenheit im Werk Eichen in Vergangenheit und Gegenwart

In gewisser Weise fassen die Erkenntnisse zur Arbeitszufriedenheit die Ergebnisse aus allen Teilbereichen der Interviews noch einmal zusammen. Wie in der Definition zu sehen war, ist die Arbeitszufriedenheit eine Mischung aus verschiedenen Erfahrungen im Unternehmen.

Die größte Gruppe der Interviewten stellten Auszubildende im heutigen Unternehmen dar. Es war sehr auffällig – insbesondere da sich alle anonym äußerten und somit auch Kritik hätten offen ansprechen können –, dass die Auszubildenden alle sehr zufrieden mit ihrer Arbeit sind. Besonders betont wurde das bei Themen wie Zusammenarbeit im Team, Arbeitsaufgaben, Entscheidungsspielraum am Arbeitsplatz, Weiterbildungsmöglichkeiten sowie der Anerkennung der eigenen Leistungen.

Zurückhaltung und sogar eine Kritik bestand in den Antworten lediglich manches Mal bei der Frage nach der Vergütung. Aber gemäß dem Sprichwort „Lehrjahre sind keine Herrenjahre" muss man davon ausgehen, dass vor allem die Ausbildungssituation diese Einschätzung bedingt. Hingegen rückte der Bereich Schutz- und Sicherheitsmaßnahmen mit herausgehoben positiven Antworten nochmals mehr in den Vordergrund. Es entstand der Eindruck, dass das Unternehmen besonders viel Wert auf die Gesunderhaltung der Mitarbeiter legt. Diese Fürsorge wird offenbar von den heutigen Beschäftigten als bemerkenswert wahrgenommen.

In den Interviews, die sich auf die Vergangenheit bezogen, wurde klar, dass dieses Selbstverständnis im Werk Eichen nicht erst heute oder seit wenigen Jahren gepflegt wird. Im Interview mit Jürgen Otto, dem ehemaligen Teamleiter des Technikzentrums Siegerland, hat sich gezeigt, dass er mit Herzblut 34 Jahre im Unternehmen gearbeitet hat. Für ihn ist das Werk Eichen der ThyssenKrupp Steel Europe wie eine große Familie. Sich selbst bezeichnet er als ein leidenschaftliches Mitglied eines großen Teams. Das zeigt

sich auch im Kommunikationsverhalten. Herr Otto betont, dass stets ein Klima der Offenheit herrschte. Er habe Probleme mit den Auszubildenden in Ruhe besprochen und meist unter vier Augen. Außerdem erinnert er sich, dass es für ihn, wenn er morgens um sechs Uhr den Betrieb betrat, selbstverständlich war, mit den Auszubildenden ein wenig über Dies und Das zu sprechen.[113]

Sein Anliegen war es, dadurch eine angenehme Arbeitsatmosphäre zu schaffen.

Heinz-Joachim Klose, der derzeitige Teamleiter des Technikzentrums, fügte in seinem Interview hinzu, dass es alle zwei Jahre eine Umfrage zur Arbeitszufriedenheit gebe.[114]

So könne sich auch das Unternehmen regelmäßig über die Einschätzungen der Mitarbeiter informieren und dementsprechend reagieren.

Anhang

Steuerungszentrale des Walzwerks Eichen, 2014 (ThyssenKrupp Steel Europe)

Die Werksgeschichte aus der Sicht
von Rudolf Zwingmann

Rudolf Zwingmann hat mit seiner Werksgeschichte Pionierarbeit geleistet. Ohne seine Überlegungen und sein werksinternes Wissen hätten sich zahlreiche historische Details nicht erschlossen. Wir danken Herrn Zwingmann für die außerordentlich konstruktive Zusammenarbeit und seine fortwährende Unterstützung des Projekts. Die bisher unveröffentlichte Werksgeschichte ist hier im Ganzen abgedruckt.

Eichen, 1986

Das Eichener Walzwerk

Geschichtlicher Rückblick

Die Entstehung der Siegerländer Hammer- und Walzwerke reicht bisweit in die vorgeschichtliche Vergangenheit zurück. Etwa 600 v. Christi hatten keltische Bewohner das Land besetzt. Sie waren in der Kunst der Eisengewinnung wohlerfahren und kamen vermutlich aus dem ebenfalls keltischen Kärnten. Das Siegerland - mit seinen an Eisen- und Metallerzen reichen Höhenzügen - bot günstigste Voraussetzungen für die Eisengewinnung. Zu Tage tretende manganhaltige Spateisengänge und in den Urwäldern reichlich Brennholz für die Holzkohlegewinnung, und so entstanden in der Nähe dieser Erzfundstätten, an kleinen Gewässern, den Hangwind ausnutzend, die ersten Eisenschmelzen. In kleinen, nur meterhohen, über einem Korbgeflecht geformten Lehmofen, wie wir sie beispielsweise noch im Museum des Siegerlandes sehen können, wurde ein feingestampftes Gemisch von Erz, Holzkohle und Zuschlägen bei niedriger Temperatur zur Schmelzglut gebracht. Das Erzeugnis einer derartigen Schmelze war ein etwa kopfgroßer Klumpen Eisen, der sofort ausgeschmiedet und durch mehrmaliges Frischen im Holzkohlefeuer und Ausschmieden zu einem vorzüglichen Waffenstahl verarbeitet wurde.
Zum Schutz gegen die Germanen legten die Kelten Fliehburgen auf den Bergeshöhen an, deren Reste beispielsweise auf dem nahen Kindelsberg noch zu erkennen sind.
Um etwa 100 v. Christi hatten dann die Germanen das Land besetzt und entwickelten die Eisengewinnung weiter. Der gewonnene Waffenstahl war ein begehrter Ausfuhrartikel. Um etwa 400 n. Christus lebte der berühmte Waffenschmied Wieland, der die Waffen vom Theoderich - des Gotenkönigs - geschmiedet haben soll. Er soll in der Nähe der ehemaligen reichen Silbergrube Ratzenscheid in Wielands Dorf gelebt haben oder das heutige Wilnsdorf.
Im Laufe der Zeit wurden die Öfen immer größer und wurden mit vom Wasser angetriebenen Gebläsen bedient. Deshalb wanderten immer mehr Hütten in die Täler an die Flußläufe, so auch nach Eichen. Das wichtigste Bergwerk war das Revier in Müsen, daß noch bis ins 19. Jahrhundert betrieben wurde. Einige kennen noch vom Namen her

sicherlich den sogenannten Müsener Grundstollen, sowie den 1825 begonnenen Kronprinz-Friedrich-Wilhelm-Stollen in Kreuztal, der bis zur Martinshardt führte.

Im Zuge dieser Entwicklung entstand auch der Hammer in Eichen. Am Unterlauf der Litfe - dieser Name stammt aus dem germanischen Lit-Apha - erhob sich vorzeiten ein Eichenwald, der sich am Abhang des Kindelsberges hinaufzog. Im Talgrund dieses Waldes entstand - wie der Name sagt - die Rodungssiedlung in den Eichen. Um 1400 bestand sie aus drei Höfen, die ein Kirchenlehen des Erzbistums Köln waren und dessen Vögte, die Junker von Wildenburg, in Krombach eine Burg besaßen.

Die meisten Hämmer waren in Besitz von Adeligen, so auch der Hammer von Eichen. In zunehmenden Maße gingen sie jedoch in den Besitz der Pächter über, die sich ihrerseits zu Zünften zusammenschlossen. Die Eigentümer nannten sich Gewerke, die ihr Eigentum nach Zeit berechneten, die ihnen zur Verfügung gestellt wurde, bei dem Betreiben des Hammers. In dieser Zeit entstand auch der Begriff des Haubergs, dessen Eigentumsanteile heute auch noch nach Pfennigen berechnet werden.

Aus dem Besitz des Grafen von Nassau wurde der Hammer von Eichen zum ersten Mal an einen Eberhard Herling verpachtet im Jahre 1643, d.h. urkundlich erwähnt ist dieser Hammer also schon vor über 300 Jahren. In der Liste der Gewerken als Eigentümer tauchen immer wieder bis zum Jahre 1835 die Namen Siebel und Hambloch auf, Namen, die auch heute noch in dieser Gegend stark vertreten sind.

Im Jahre 1869 wurde dann von den Gewerken Jakob Hambloch, anstelle des alten Hammerwerkes, zwei Puddelöfen sowie ein Dampfhammer errichtet.
1884 wurde eine Firma gegründet, die sich Eichener Walzwerk, Stähler & Co OHG nannte. Diese Firma baute zum ersten Male ein Blechwalzwerk in Eichen, sowie Platinen- und Knüppelgerüste. Dies war die Geburtsstunde des Blechwalzens in Eichen. 1984 ist also ein Jubiläumsjahr; 100 Jahre Blechwalzen in Eichen. Später erfuhr es noch weitere Ausweitungen. Zum Beispiel 1895 Einrichtung einer Blechverzinkerei, dann eine Schlosserei für Wellblechbau, 1902 Stillegung des Puddelbetriebe und 1904 Abbruch der Wasserräder und der Hammer. Gleichzeitig wurde mit dem Bau neuer Feinblechstraßen begonnen.

- 3 -

Zur Beseitigung der Beizabwässer des Werkes war man gezwungen eine chemische Fabrik zu errichten, die allerdings 1925 wieder abgebrochen wurde.

Die Jahre 1911 bis 1913 bilden in der Geschichte des Eichener Walzwerkes einen weiteren Meilenstein. Es war eine wesentliche Vergrößerung des Walzwerkes notwendig geworden, so daß eine Trio-Platinenstraße, sowie Stoßöfen und eine zweigerüstige Feinblech-straße gebaut werden mußten. Im Jahre 1925/26 kam das Eichener Walzwerk in die Vereinigten Stahlwerke AG. In dieser Zeit wurde auch das Warmwalzwerk gebaut, um Qualitätsbleche herstellen zu können. Die Blechwaren- und Faßfabrik Eichen-Attendorn wurden 1936 ausgegliedert und selbstständig gemacht. 1938 erfolgte dann der Bau des Quarto-Kaltwalz-Reversiergerüstes und 1954 war dann der Modernisierungs- und Erweiterungsbau sowie die Errichtung eines weiteren Quarto-Reversiergerüstes mit den entsprechenden Nebenan-lagen und den Ausbau des Feinblechwalzwerkes zu der heute bekannten Größe.

Im Laufe der Zeit entstanden in anderen Hüttenwerken immer größere und leistungsfähigere Kaltwalzwerke. Ein Ausbau des Kaltwalzwerkes Eichen war aus verschiedenen Gründen nicht möglich.

Es mußte deshalb nach neuen und anderen Produkten Ausschau gehalten werden und aus diesem Grunde und weil der Markt an oberflächen-ge-schützten Blechen ständig wuchs, wurde im Jahre 1966 eine Bandver-zinkungsanlage gebaut. Im Laufe der Jahre wurden durch weitere Er-gänzungsinvestitionen und Ausbauten die Anlage auf einen Höchst-stand gebracht, mit Produktionen bis zu 25.000 t pro Monat.

Konsequenterweise folgte 1976 der Bau einer Kunststoffbeschichtungs-anlage, auf der Farbbeschichtungen verschiedenster Systeme vorge-nommen werden können.

Aufgrund der Vormaterialbasis kamen dann die Produktionen für Trapez-bleche und sogenannten Isowandelementen nach Eichen. Dies ist der heutige Stand der in Eichen herstellbaren Produkte.

Besitzverhältnisse

Die Besitzverhältnisse nach dem 2. Weltkrieg waren sehr turbulent.

- 4 -

Durch Erlaß der Militärregierung im Jahre 1948 wurden die Vereinigten Stahlwerke aufgelöst und sogenannte Betriebsgesellschaften
gegründet. Eine davon war die Hüttenwerke Siegerland AG, an die die
Blefa in Kreuztal angegliedert war. Im Jahre 1957 erwarb die Dortmund-Hörder-Hüttenunion über 86 % des Aktienkapitals der Hüttenwerke Siegerland, so daß 1960 ein Organschaftsvertrag abgeschlossen
wurde.
Zwischen der Dortmund-Hörder-Hüttenunion und Hoesch erfolgte 1966
ein Zusammenschluß. Ab 1969 Eingliederung unserer Firma in die Hoesch
AG und seit dieser Zeit trägt Eichen den Namen Hoesch Siegerlandwerke
Von 1981 bis 1983 war ein Zusammenschluß mit dem niederländischen
Konzern Hoogovens unter dem Namen ESTEL. In dieser Zeit hieß das
Eichener Walzwerk Estel Siegerlandwerke. Dieser Vertrag wurde auf-
gelöst und der Name wieder umgenannt in Hoesch Siegerlandwerke. Im
Jahre 1980 wurden die SAG-Werke erworben und in die Siegerlandwerke
eingegliedert. *Trierer Walzwerk 1973*

Die Entwicklung aus heutiger Sicht

In den 80er Jahren entwickelte sich eine strukturelle Krise der
Stahlindustrie im allgemeinen, aber auch in Deutschland. Weltweit
waren Überkapazitäten entstanden, so daß die erzielten Preise die
Unkosten nicht mehr decken konnten. Es werden deshalb seit mehreren
Jahren von den Stahlunternehmen große Anstrengungen gemacht, die
Produktionen zu rationalisieren und zu reduzieren.

Auch das Eichener Walzwerk ist von diesen Entwicklungen nicht unbe-
rührt geblieben. Im Rahmen der Kapazitätsbereinigungen mußte vor
zwei Jahren ein Gerüst in Eichen stillgelegt werden. Desweiteren
wurde die Kapazität des verbliebenen Gerüstes beschnitten. Nicht
davon berührt sind die Produktionen der Bandverzinkung, Bandbe-
schichtung und des Bauteilwerkes, die sogenannte Zukunftsprodukte
sind und deshalb stark gefördert werden.
Im Rahmen der Rationalisierungsbemühungen wurden auch die Stahl-
aktivitäten im Hoesch-Bereich neu geordnet. Aus diesem Grunde wurde
am 1. Juli 1986 die Hoesch Stahl AG gegründet, in die die
Hoesch Siegerlandwerke aufgenommen wurden.

Seit dieser Zeit existiert der Name Hoesch Siegerlandwerke nicht
mehr, sondern das Werk Eichen nennt sich heute Hoesch Stahl AG,
Werk Eichen. Dieser Zusammenschluß hatte einige gravierende

5

Konsequenzen, z.B. wurde die Hauptverwaltung in Siegen komplett aufgelöst. Zum gleichen Zeitpunkt wurde die Blefa AG ausgeklammert und selbstständig gemacht und wird heute als mittelständisches Unternehmen geführt.

Für das Werk Eichen hatte diese Organisation ebenfalls Konsequenzen. Die Betriebsstätten in Eichen und Ferndorf wurden organisatorisch zusammengefaßt.
Die sogenannten Dienstleistungen, wie Qualitätsstelle, Werks- rechnungswesen, Lohnwesen, Maschinenbetrieb usw. wurden nunmehr von Dortmund aus zentral gesteuert. Für den Mann vor Ort änderte sich dagegen wenig. Die Arbeit und die Arbeitsplätze blieben.

Im April 1986 wurde im Kaltwalzwerk das letzte Feinblech gewalzt. Die Beize, die Reversiergerüste und die Glüherei mit Ausnahme von Spezialglühungen wurden stillgelegt. Weitere ca. 300 Arbeitsplätze gingen verloren.

In den freiwerdenden Hallen des ehemaligen Kaltwalzwerkes wurden nunmehr die Aktivitäten des Bauteilwerkes, insbesondere das Profilieren konzentriert.

Zur Zeit werden im Werk Eichen insgesamt 1300 Mitarbeiter be- schäftigt.

1998 Fusion Thyssen, Krupp, Hoesch
1999 Auflösung BV

Jorgensmann

Fragenkatalog

Um die Interviews fließend durchführen zu können und dabei möglichst viele Informationen über das Werk Eichen im Zeitraum 1950 bis heute insbesondere im Hinblick auf die zentrale Fragestellung „Wandel der Arbeitswelt im Siegerland" zu erhalten, haben wir im Voraus einen Fragenkatalog entworfen, um das Interview in verschiedene Themenbereiche zu gliedern. Das Ziel eines Interviews sollte es sein, dem Interviewten durch einleitende Fragen Anstöße zu geben und anschließend weiterführende Fragen zu stellen. Die Fragen bezogen sich mehrheitlich auf den Beginn der Tätigkeit. Daher ist der Fragenkatalog in die verschiedenen Themen aufgeschlüsselt und es sind Unterpunkte aufgeführt, die zu dem jeweiligen Bereich interessant sein könnten:

Begrüßung
Erfassung der Formalien (Name, Alter, usw.)

1. Allgemeines
- Seit wann arbeiten Sie bei ThyssenKrupp im Werk Eichen?
- In welchem Alter haben Sie im Unternehmen angefangen und in welcher Position?
- Haben Sie seither die Position gewechselt? Wenn ja, wohin und warum?

2. Arbeitszufriedenheit
- Wie hoch war Ihr Anfangsgehalt? Waren Sie damit zufrieden? Hat es zum Leben gereicht? War es angemessen/durchschnittlich?
- Wie sah Ihr Arbeitsplatz aus?
- Wie war das Verhältnis zu Kollegen/Vorgesetzten/Anderen?
- Wie war die Arbeitsatmosphäre?
- Was war für Sie Luxus und welchen „Luxus" konnten Sie sich leisten? Glauben Sie, dass sich diese Wertigkeiten verschoben haben?

3. Arbeitssicherheit
- War Ihr Arbeitsplatz sicher? Welche Sicherheitsmaßnahmen und Vorschriften gab es?
- Gab es Schutzkleidung (Atemschutz, Gehörschutz, etc.) und/oder Kleiderordnungen?
- Wie alt waren die Arbeiter im Durchschnitt?

4. Mitbestimmung
- Gab es Möglichkeiten zur Mitbestimmung (Betriebsrat etc.)? Wenn ja, wer konnte teilnehmen und inwiefern konnten Dinge verändert werden?
- Welche Rechte hatten Sie? Wurden Sie über Ihre Rechte aufgeklärt und wurden diese eingehalten?

5. Frauen
- Gab es Frauen im Betrieb? Wenn ja, wo haben Frauen gearbeitet?
- Gab es eine Gleichberechtigung zwischen Mann und Frau?
- Gab es Unterschiede im Verdienst und/oder in den Rechten?

6. Ausbildung
- In welchem Alter fing man eine Ausbildung an? Wie und wo wurde ausgebildet?
- Welche Qualifikation war notwendig? Welche Berufsfelder gab es?
- Wie lang dauerte die Ausbildung insgesamt? Welche Inhalte wurden behandelt?
- Mit welchen Erwartungen und Motivationen haben Sie bei ThyssenKrupp angefangen?
- Gab es Möglichkeiten sich weiterzubilden?

7. Tagesablauf
- Beschreiben Sie bitte einen typischen Arbeitstag!

8. Weiteres
- Können Sie uns eventuell Dokumente/Fotos aus dem entsprechenden Zeitraum leihweise überlassen?
- Kennen Sie noch Kollegen? Haben Sie noch Freunde bei ThyssenKrupp?

Vielen Dank für das Interview!

Literatur

Archivbestände

... des Archivs der Siegener Zeitung:

- Jahrgang 1895 der Siegener Zeitung.

... des Stadtarchivs Kreuztal:

- Hüttenwerke Siegerland (Hrsg.): Betriebszeitung „Unser Werk". 5/1953.
- Lefkes, Heinz: Vom Hammer zum Breitband-Kaltwalzwerk. In: Hüttenwerke Siegerland (Hrsg.): Betriebszeitung „Unser Werk". 3/1956.
- O.V.: Der Aufbau der Hüttenwerke Siegerland Aktiengesellschaft. Juni 1955.
- O.V.: Eichener Walzwerk – Hüttenwerke Siegerland AG – Thyssen Krupp Stahl AG. Kreuztal, 1997.
- O.V.: Kreuztal wie es damals war. In: Kreuztaler Perspektiven. Mai/Juni 1978.
- O.V.: Zur Geschichte des Eichener Walzwerks. In: Ebberg, Ernst (Hrsg.): Verwaltungsbericht des Amtes Ferndorfs 1905- 1930.
- O.V.: Zusammenstellung zum Tag der Belegschaft am 31. Okt. 2001.
- Wormbach, Michael: 50 Jahre Hainchensiedlung. 2005/06.

... des ThyssenKrupp-Archivs Duisburg:

- Hüttenwerke Siegerland (Hrsg.): Betriebszeitung „Unser Werk". 1/1955.
- Hüttenwerke Siegerland (Hrsg.): Betriebszeitung „Unser Werk". 2/1958.
- Hüttenwerke Siegerland (Hrsg.): Betriebszeitung „Unser Werk". 2/1968.
- Hüttenwerke Siegerland (Hrsg.): Betriebszeitung „Unser Werk". 5/1957.
- Hüttenwerke Siegerland (Hrsg.): Betriebszeitung „Unser Werk". 7/1959.
- Lück, Alfred: Die Geschichte der Hoesch Siegerlandwerke Aktiengesellschaft Siegen (Typoskript), Februar 1971, in: ThyssenKrupp Konzernarchiv Hoesch-Archiv HO 122/74. Darin:
  - Lück, Alfred: Aus dem Sozialwesen.
  - Lück, Alfred: Aus der Sozialarbeit der Hüttenwerke Siegerland AG im Jahr 1956.
- Lück, Alfred: Das Werk Eichen.
- Lück, Alfred: Die ersten Nachkriegsjahre.
- Lück, Alfred: Werk Eichen im zweiten Weltkrieg.
- Lefkes, Heinz: Eichen. O.J. (1950er Jahre).
- O.V.: Beitrag zur Jubiläumsansprache für Herrn Toni Clemens vom 15. Januar 1986.
- O.V.: Belegschaftshaus Eichen. In: Hüttenwerke Siegerland (Hrsg.): Betriebszeitung „Unser Werk". 4/1955.
- O.V.: Das neue Breitbandkaltwalzwerk in unserem Werk Eichen. 20.06.1955.
- O.V.: Eichen an zweiter Stelle. In: Hüttenwerke Siegerland (Hrsg.): Betriebszeitung „Unser Werk". 10/1956.
- O.V.: Eichen im Mai ohne Unfall. In: Hüttenwerke Siegerland (Hrsg.): Betriebszeitung „Unser Werk". 7/1959.
- Hüttenwerke Siegerland AG: Bericht über das Geschäftsjahr 1953/54.
- O.V.: Hüttenwerke Siegerland, Aktiengesellschaft Siegen I.W. o.D.

... des Westfälischen Wirtschaftsarchivs Dortmund:

- Hüttenwerke Siegerland AG / Hoesch Siegerlandwerke AG. Bestand F65.
- O.V.: Zur Geschichte der Verzinkerei Eichen 1967.
- O.V.: Flyer „Kulturveranstaltungen der Hüttenwerke Siegerland AG im Belegschaftshaus Eichen; November 1958 – April 1959" (E765 Nr.406)

Gedruckte Literatur

- Bähr, Johannes / Drecoll, Axel / Gotto, Bernhard / Priemel, Kim Christian / Wixforth, Harald: Der Flick-Konzern im Dritten Reich. München, 2008.
- Bosch, Gerhard: Herausforderungen für das deutsche Berufsbildungssystem. In: Zimmer, Gerhard: Berufsausbildung in der Entwicklung – Positionen und Leitlinien. Bielefeld, 2009. S.47-67.
- Bruggemann, Agnes: Zur Unterscheidung verschiedener Formen von „Arbeitszufriedenheit". In: Arbeit und Leistung, 11/1974. S.281-284.
- Döring, Mathias: Eisen und Silber – Wasser und Wald. Gruben, Hütten und Hammerwerke im Bergbaurevier Müsen, 1999.

- Floren, Franz Josef (Hrsg.): Sozialwissenschaften, Wirtschaft, Gesellschaft, Politik. Paderborn, 2008.
- Friedlingsdorf, Volker / Wunderer, Hartmann: Abitur clever vorbereitet – Geschichte. Potsdam, 2013.
- Herling, Werner: Das untere Heestal – Fellinghausen, Dornseifen, Weiden. Kreuztal, 1981.
- Kohler, Ewald / Schuster, Jürgen: Tafelbilder für den Geschichtsunterricht. Teil 2: Vom Absolutismus bis zur Gegenwart. Donauwörth, 2012.
- Laschewski-Müller, Karin / Rasuh, Robert (Hrsg.): Kursbuch Geschichte – Neue Ausgabe – NRW – Von der Antike bis zur Gegenwart. Berlin, 2011.
- Opfermann, Ulrich: HeimatFremde, „Ausländereinsatz" im Siegerland, 1939 bis 1945: wie er ablief und was ihm voraus-ging. Siegen, 1991.
- Park, Hye-Jong: Das Duale System der Berufsausbildung in der deutschen Nachkriegszeit zwischen Restauration und Reform: mit besonderer Berücksichtigung der Industrie- und Handelskammern der britischen und amerikanischen Besatzungsgebiete 1945-1956. Uelvesbüll, 2002.
- Stiftung Haus der Geschichte der Bundesrepublik (Hrsg.): Hauptsache Arbeit – Wandel der Arbeitswelt nach 1945. Begleitbuch zur Ausstellung im Haus der Geschichte der Bundesrepublik Deutschland. Bonn, 2010.

Unveröffentlichte Literatur

- Kühn, Sebastian: Untersuchung der Typologien von Einfamilienhäusern aus Siedlungen der Fünfziger Jahre im Kreis Siegen unter besonderer Berücksichtigung von Umbau- und Erweiterungsmöglichkeiten aus konstruktiver Sicht. Siegen, 2005. [Masterarbeit an der Universität Siegen]
- Zwingmann, Rudolph: Das Eichener Walzwerk – Geschichtlicher Rückblick, Eichen, 1986

Zeitungsartikel

- 28.3.1934. Das Eichener Walzwerk in der Arbeitsschlacht. Siegener Zeitung.
- 8.2.1935. Die Eröffnung der ersten Siegerländer zusätzlichen Werkschule auf dem Eichener Walzwerk. Siegener Zeitung.
- 15.2.1956. Teilstillegung einer Warmwalzstraße. Siegener Zeitung.
- 24.2.1956. Umstellung im Eichener Walzwerk. Rhein-Zeitung.
- 20.1.1958. Eichener Warmwalzwerk wird endgültig stillgelegt. Rhein-Zeitung.
- 15.10.1998. Fusion: Aufsichtsräte haben das letzte Wort. Westfälische Rundschau.
- 27.10.2010. Hier feiert Thyssen die Bramme aus Brasilien. Rheinische Post. http://www.rp-online.de/nrw/staedte/duisburg/hier-feiert-thyssen-die-bramme-aus-brasilien-bid-1.969193 [20.01.2014]

Internetquellen

- Arbeitsschutz bei ThyssenKrupp. http://www.thyssenkrupp-steel-europe.com/de/portraet/mitarbeiter/arbeitsschutz.jsp [27.02.2013]
- Arbeitszufriedenheit. http://wirtschaftslexikon.gabler.de/Definition/arbeitszufriedenheit.html [20.02.2013]
- Ausbildung. http://wirtschaftslexikon.gabler.de/Definition/berufsausbildung.html [20.01.2014]
- Behinderung. http://blog.kein-mensch-ist-perfekt.de/behindert-ist-man-nicht-behindert-wird-man/ [20.01.2014]
- Betriebliche Mitbestimmung. http://wirtschaftslexikon.gabler.de/Definition/mitbestimmung.html [20.02.2013]
- Eichener Walzwerk. http://www.albert-gieseler.de/dampf_de/firmen3/firmadet36964.shtml [20.01.2014]
- Flick und Kreuztal. http://www.flick-ist-kein-vorbild.de/ [28.02.2014]
- Frauengeschichte. http://www.frauen-informatik-geschichte.de/index.php?id=43 [18.05.2013]
- Globalisierung. http://www.ikud.de/Globalisierung.html [20.01.2014]
- Konzerngeschichte. http://www.thyssenkrupp.com/de/konzern/geschichte_konzern_t5.html [20.06.2013]
- Russell, Bertrand. http://www.gutzitiert.de/zitat_autor_bertrand_arthur_william_russell_thema_kampf_zitat_12074.html [2001.2014].

- Schwerbehinderte. http://www.pfalz.ihk24.de/recht/Arbeitsrecht/582242/Beschaeftigung_von_Schwerbehinderten.html [20.01.2014]

- ThyssenKrupp Steel Europe: compact. Das Kundenmagazin. 1/2006. www.thyssenkrupp-steel-europe.com/tiny/hi/download.pdf [20.01.2014]

- Weltwirtschaftskrise. http://www.dhm.de/lemo/html/weimar/industrie/wirtschaftskrise/ [08.06.2013]

- Zwangsarbeiter im Siegerland. http://zwangsarbeitimsiegerland.blogsport.de/ [28.02.2014]

Interviews

- Brief von Herrn Zwingmann an Frau Kotter, 12.3.2014.

- Interviewpartner: siehe Mittelteil des Buches (Steckbriefe). Alle Interviews wurden durch die SchülerInnen des Projektkurses zwischen April und Juni 2013 geführt. Nicht immer im Text ist an Einzelstellen die Mitarbeit durch Interviewpartner angezeigt, sondern dies ist nur bei direkten Zitaten der Fall. Ansonsten lagen allen Interviewpartnern die gleichen Leitfragen vor und sie gaben Eindrücke wieder, die an verschiedenen Stellen im Buch Eingang gefunden haben.

Quellen

1   Vgl. Zwingmann: Das Eichener Walzwerk. [im Anhang]

2   Vgl. Lefkes: Vom Hammer zum Breitband-Kaltwalzwerk; Lefkes: Eichen.

3   O.V.: Der Aufbau der Hüttenwerke Siegerland Aktiengesellschaft. S.196.

4   Vgl. Lefkes: Vom Hammer zum Breitband-Kaltwalzwerk; Lefkes: Eichen; O.V.: Beitrag zur Jubiläumsansprache für Herrn Toni Clemens.

5   Vgl. o.V.: Kreuztal wie es damals war.

6   Vgl. Lück: Das Werk Eichen. S.4f.

7   Vgl. o.V.: Kreuztal wie es damals war; Eichener Walzwerk [20.01.2014].

8   Vgl. o.V.: Zusammenstellung zum Tag der Belegschaft.

9   Vgl. o.V.: Zur Geschichte des Eichener Walzwerks.

10 Vgl. Lefkes: Kreuztal wie es damals war.

11 Vgl. o.V.: Zur Geschichte des Eichener Walzwerks.

12 Vgl. a.a.O.

13 Vgl. a.a.O.

14 Platinen sind dünne Metallplatten, die als Verbindungsstücke fungieren und heute serienmäßig für Autos und Computer hergestellt werden.

15 Vgl. o.V.: Hüttenwerke Siegerland, Aktiengesellschaft Siegen I.W.. S.20f.

16 Vgl. Lück: Das Werk Eichen.

17 Eine Diskussion zur Person Flicks und seinen Geschäftspraktiken sowie seiner intensiven Verstrickung in den Nationalsozialismus soll hier nicht geleistet werden, da dies von der Werksgeschichte entfernen würde. Bei Interesse vgl. Bähr/Drecoll/Gotto/Priemel/Wixforth: Der Flick-Konzern im Dritten Reich. Sowie – auf Kreuztal bezogen: http://www.flick-ist-kein-vorbild.de/ [28.02.2014].

18 Vgl. o.V.: Zur Geschichte des Eichener Walzwerks.

19 Vgl. a.a.O.

20 Vgl. o.V.: Hüttenwerke Siegerland, Aktiengesellschaft Siegen I.W. S.20f.

21 Vgl. o.V.: Der Aufbau der Hüttenwerke Siegerland Aktiengesellschaft. S.199.

22 Vgl. o.V.: Zur Geschichte des Eichener Walzwerks.

23 Vgl. a.a.O.

24 O.V.: Das Eichener Walzwerk in der Arbeitsschlacht.

25 O.V.: a.a.O.

26 O.V.: Die Eröffnung der ersten Siegerländer zusätzlichen Werkschule auf dem Eichener Walzwerk.

27 Vgl. Lück: Das Werk Eichen.

28 Vgl. Eichener Walzwerk – Hüttenwerke Siegerland AG – Thyssen Krupp Stahl AG.

29 Vgl. Opfermann, HeimatFremde; Zwangsarbeit [28.02.2014].

30 Vgl. Lück: Werk Eichen im zweiten Weltkrieg. S.264ff.

31 Vgl. Lück: Die ersten Nachkriegsjahre. S.266ff.

32 Vgl. Lefkes: Vom Hammer zum Breitband-Kaltwalzwerk. S.10f.

33 Vgl. Betriebszeitung „Unser Werk". 5/1953.

34 Vgl. Kühn: Untersuchung der Typologien von Einfamilienhäusern. S.38ff.

35 Vgl. o.V.: Der Aufbau der Hüttenwerke Siegerland Aktiengesellschaft.

36 Vgl. o.V.: Beitrag zur Jubiläumsansprache für Herrn Toni Clemens.

37 Vgl. o.V.: Teilstillegung einer Warmwalzstraße; o.V.: Umstellung im Eichener Walzwerk.

38 Vgl.: Siegener Zeitung vom 20. Januar 1958: Eichener Warmwalzwerk wird endgültig stillgelegt

39 Vgl. Hüttenwerke Siegerland (Hrsg.): Unser Werk 2/1958. S.38.

40 Vgl. Hüttenwerke Siegerland (Hrsg.): Unser Werk 2/1958. S.32.

41 Vgl. o.V.: Zur Geschichte der Verzinkerei Eichen. S.3.

42 Vgl. im Folgenden: Hüttenwerke Siegerland (Hrsg.): Unser Werk 2/1968. S.38f.

43 Vgl. o.V.: Zusammenstellung zum Tag der Belegschaft.

44 Vgl. a.a.O.

45 A.a.O.

46 Vgl. o.V.: Fusion: Aufsichtsräte haben das letzte Wort.

47 Vgl. o.V.: Zur Geschichte des Eichener Walzwerks.

48 Vgl. Kühn: Untersuchung der Typologien von Einfamilienhäusern. S.21 und 38.

49 Vgl. Herling: Das untere Heestal. S.15.

50 Vgl. a.a.O.; Wormbach: 50 Jahre Hainchensiedlung.

51 Vgl. Herling: Das untere Heestal.

52 Vgl. Kühn: Untersuchung der Typologien von Einfamilienhäusern. S.38f.

53 Vgl. a.a.O.

54 Vgl. Wormbach: 50 Jahre Hainchensiedlung, 2005/06, S.2f

55 A.a.O.

56 A.a.O.

57 Vgl. a.a.O.

58 Vgl. a.a.O.

59 Vgl. Betriebszeitung „Unser Werk". 5/1953.

60 Vgl. Kühn: Untersuchung der Typologien von Einfamilienhäusern. S.42f.

61 Vgl. Lück: Aus dem Sozialwesen. S.309.

62 Vgl. Lück: Aus der Sozialarbeit. S.101.

63 Vgl. a.a.O.

64 Vgl. Lück: Aus dem Sozialwesen. S.309.

65 Vgl. Lück: Aus der Sozialarbeit. S.101.

66 Vgl. Lück: Aus dem Sozialwesen. S.309.

67 O.V.: Flyer „Kulturveranstaltungen".

68 Vgl. a.a.O.

69 Vgl. o.V.: Flyer „Kulturveranstaltungen".

70 Vgl. Lück: Aus der Sozialarbeit. S.101.

71 Döring: Eisen und Silber – Wasser und Wald. S.196ff.

72 Hüttenwerke Siegerland AG / Hoesch Siegerlandwerke AG.

73 Vgl. o.V. Zusammenstellung zum Tag der Belegschaft.

74 Hüttenwerke Siegerland AG / Hoesch Siegerlandwerke AG.

75 Vgl. o.V. Zusammenstellung zum Tag der Belegschaft.

76 Konzerngeschichte [20.06.2013].

77 O.V.: Kreuztal wie es damals war.

78 O.V.: Zur Geschichte des Eichener Walzwerks.

79 Betriebszeitung „Unser Werk". 1/1955. S.311f.

80 Zwingmann: Das Eichener Walzwerk. [im Anhang]

81 Stiftung Haus der Geschichte der Bundesrepublik (Hrsg.): Hauptsache Arbeit. S.6ff.

82 Russell, Bertrand [20.01.2014].

83 Vgl. a.a.O.

84 Vgl. a.a.O. S.7f.

85 Vgl. Weltwirtschaftskrise [08.06.2013].

86 Vgl. Frauengeschichte [18.05.2013].

87 Vgl. Stiftung Haus der Geschichte der Bundesrepublik (Hrsg.): Hauptsache Arbeit. S.18.

88 Vgl. Friedlingsdorf / Wunderer: Abitur clever vorbereitet. S.38.

89 Vgl. Kohler / Schuster: Tafelbilder für den Geschichtsunterricht. S.26.

90 Vgl. Friedlingsdorf / Wunderer: Abitur clever vorbereitet. S.39.

91 Vgl. Stiftung Haus der Geschichte der Bundesrepublik (Hrsg.): Hauptsache Arbeit. S.19.

92 Vgl. Laschewski- Müller / Rauh (Hrsg.): Kursbuch Geschichte. S.275.

93 Vgl. Stiftung Haus der Geschichte der Bundesrepublik (Hrsg.): Hauptsache Arbeit. S.7.

94 Vgl. Floren (Hrsg.): Sozialwissenschaften, Wirtschaft, Gesellschaft, Politik. S.242ff.

95 Vgl. Kohler / Schuster: Tafelbilder für den Geschichtsunterricht. S.26.

96 Vgl. Stiftung Haus der Geschichte der Bundesrepublik (Hrsg.): Hauptsache Arbeit. S.31.

97 Vgl. Ausbildung [20.01.2014].

98 Vgl. dazu und im Folgenden: Park: Das Duale System. Sowie: Bosch: Herausforderungen für das deutsche Berufsbildungssystem. S.49.

99 Vgl. Behinderung [20.01.2014].

100 Vgl. dazu und im Folgenden: Schwerbehinderte [20.01.2014].

101 Vgl. Brief von Herrn Zwingmann.

102 Angaben von Marisa Karpf.

103 Vgl. o.V.: Eichen an zweiter Stelle. S.2.

104 Vgl. o.V.: Eichen im Mai ohne Unfall. S.204.

105 Vgl. dazu und im Folgenden: Betriebliche Mitbestimmung [20.02.2013].

106 Vgl. Globalisierung [20.01.2014].

107 ThyssenKrupp Steel Europe: compact. S.10.

108 Vgl. Bramme aus Brasilien.

109 Vgl. dazu und im Folgenden: Interview mit Rudolf Zwingmann.

110 Vgl. Interview mit Rudolf Zwingmann.

111 Vgl. dazu und im Folgenden: Arbeitszufriedenheit [20.02.2013]; Bruggemann: Zur Unterscheidung verschiedener Formen von „Arbeitszufriedenheit".

112 Arbeitsschutz bei ThyssenKrupp [27.02.2013].

113 Vgl. Interview mit Jürgen Otto.

114 Vgl. Interview mit Heinz-Joachim Klose.

In einer Stadt vor unserer Zeit
10 Spaziergänge durch die Geschichte von Regensburg

Autorin: Heike Wolter

Dieser Reiseführer ist anders als alle anderen! Abseits typischer Ansichten tauchen Sie in eine Stadt vor unserer Zeit ein. Die Ringbindung liegt gut in der Hand, und Sie können bei Bedarf die Stationen auch vorher in Ihr GPS-Gerät eingeben, um sich ganz „modern" führen lassen.

Weder Kunsthistoriker noch Reisejournalisten waren hier am Werk, sondern Schüler eines Gymnasiums. Ihnen war am wichtigsten, dass Geschichte nicht namenlos bleibt. Darum ist das Buch auch kein vollständiger chronologischer Durchgang, sondern eine Auswahl von zehn Stationen der Regensburger Geschichte zwischen 179 n. Chr. und 2012.

An allen Punkten begegnen Ihnen (teilweise verbürgte) historische Personen: Quintus Agilius, George Etherege, Charlotte Brandis und viele mehr. Ihre Äußerungen sind (meist) erdacht, doch sorgfältig recherchiert. So könnte es tatsächlich gewesen sein, so könnten sie gesprochen haben...

Lassen Sie sich mitnehmen auf spannende Ausflüge durch die Stadt, in der Sie zu Besuch oder aber zu Hause sind, und lernen Sie die ungewöhnlichen Seiten Regensburgs kennen. Auf geht's!

Erhältlich im Buchhandel und unter editionriedenburg.at

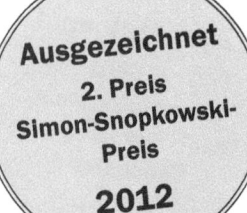

„Wenn der Krieg um 11 Uhr aus ist,
seid ihr um 10 Uhr alle tot!"
Sterben und Überleben im KZ-Außenlager Obertraubling

Autorin: Heike Wolter

Im heutigen Neutraubling – bis zum Ende des Zweiten Weltkriegs dem Flie-gerhorst Obertraubling – befand sich zwischen Februar und April 1945 ein Außenlager des Konzentrationslagers Flossenbürg. Etwa 600 männliche Häftlinge, die Hälfte von ihnen Juden, die meist aus den Vernichtungslagern im Osten auf sogenannte Todesmärsche geschickt worden waren, mussten hier unter unmenschlichen Bedingungen arbeiten. Ein großer Teil von ihnen überlebte jene 58 Tage, die das Lager bestand, nicht: Die ausgezehrten und völlig entkräfteten Menschen verhungerten, erlagen den Anstrengun-gen der Zwangsarbeit oder wurden von der SS ermordet.

Lange war das Thema KZ in Obertraubling und Neutraubling ein Tabu. Nun hat sich ein Schulprojekt dieses dunklen Flecks in der Geschichte beider Orte angenommen.

Ehemalige Häftlinge, die noch heute in den USA leben, halfen zudem, ein umfassendes Bild des Lagers zu zeichnen. Im Fokus steht auch die schwie-rige Erinnerungskultur in den betroffenen Gemeinden.

Erhältlich im Buchhandel und unter editionriedenburg.at

Die Josefsgeschichte
Von Kindern für Kinder erzählt und gezeichnet
Mit Anleitungen für eine kreative Schreib- und Theaterwerkstatt

Autoren: Johannes Taschner | Andrea Cornelius

Kinder sind großartige Geschichtenerzähler!

Wie also erzählen sich Kinder die Bibel?

Der evangelische Religionskurs der Klasse 5 des Comenius-Gymnasiums in Düsseldorf hatte die Aufgabe, die Josefsgeschichte in eigene Worte zu fassen. Dabei stellte sich heraus, dass die Schülerinnen und Schüler den Nacherzählungen ihrer Klassenkameraden mit einer bislang nicht gekannten Intensität lauschten.

In Kooperation mit den Kunstkursen dieser Jahrgangsstufe waren sie darüber hinaus eingeladen, ihren eigenen inneren Vorstellungen von den biblischen Figuren Ausdruck zu verleihen. Alle hatten ihre Freude an den entstandenen Texten und Bildern – und die Idee, ein Bibelbuch von Kindern für Kinder zu machen, entfachte ein Feuer der Begeisterung.

Begleitet wurden die jungen AutorInnen und ZeichnerInnen von ihrem Schulpfarrer Dr. Johannes Taschner und der Kunstlehrerin Andrea Cornelius.

Erhältlich im Buchhandel und unter editionriedenburg.at

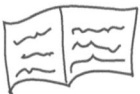

Buchreihen

Ich weiß jetzt wie! Reihe für Kinder bis ins Schulalter

SOWAS! – Kinder- und Jugend-Spezialsachbuchreihe

Verschiedene Alben für verwaiste Eltern und Geschwister

Einzeltitel

Alleingeburt – Schwangerschaft und Geburt in Eigenregie

Alle meine Tage – Menstruationskalender

Alle meine Zähne – Zahnkalender für Kinder

Annikas andere Welt – Psychisch kranke Eltern

Ausgewickelt! So gelingt der Abschied von der Windel

Baby Lulu kann es schon! – Windelfreies Baby

Babymützen selbstgemacht! Ganz einfach ohne Nähen

Besonders wenn sie lacht – Lippen-Kiefer-Gaumenspalte

Bitterzucker – Nierentransplantation

Brüt es aus! Die freie Schwangerschaft

C-Section Moms – Caesarean mothers in words and photographs

Das doppelte Mäxchen – Zwillinge

Das große Storchenmalbuch mit Hebamme Maja

Der Kaiserschnitt hat kein Gesicht – Fotobuch

Der Wuschelfloh, der fliegt aufs Klo! – Spatz ohne Windel

Die Hebammenschülerin – Ausbildungsjahre im Kreißsaal

Die Josefsgeschichte – Biblisches von Kindern für Kinder

Die Sonne sucht dich – Foto-Meditation Schwangerschaft

Drei Nummern zu groß – Kleinwuchs

Egal wie klein und zerbrechlich – Erinnerungsalbum

Eileiterschwanger – Eine Hebamme erzählt

Ein Baby in unserer Mitte – Hausgeburt und Stillen

Finja kriegt das Fläschchen – Für Mamas, die nicht stillen

Frauenkastration – Fachwissen und Frauen-Erfahrungen

Ich war ein Wolfskind aus Königsberg – DDR und BRD

In einer Stadt vor unserer Zeit – Regensburg-Reiseführer

Jutta juckt's nicht mehr – Hilfe bei Neurodermitis

Konrad, der Konfliktlöser – Clever streiten und versöhnen

Lass es raus! Die freie Geburt

Leg dich nieder! Das freie Wochenbett

Lilly ist ein Sternenkind – Verwaiste Geschwister

Lorenz wehrt sich – Sexueller Missbrauch

Luxus Privatgeburt – Hausgeburten in Wort und Bild

Machen wie die Großen – Rund ums Klogehen

Maharishi Good Bye – Tiefenmeditation und die Folgen

Mama und der Kaiserschnitt – Kaiserschnitt

Mamas Bauch wird kugelrund – Aufklärung für Kinder

Manchmal verlässt uns ein Kind – Erinnerungsalbum

Mein Sternenkind – Verwaiste Eltern

Meine Folgeschwangerschaft – Schwanger nach Verlust

Meine Wunschgeburt – Gebären nach Kaiserschnitt

Mit Liebe berühren – Erinnerungsalbum

Mord in der Oper – Bellinis letzter Vorhang

Nasses Bett? – Nächtliches Einnässen

Nino und die Blumenwiese – Nächtliches Einnässen, Bilderbuch

Oma braucht uns – Pflegebedürftige Angehörige

Oma war die Beste! – Trauerfall in der Familie

Papa in den Wolken-Bergen – Verlust eines nahen Angehörigen

Pauline purzelt wieder – Übergewichtige Kinder

Regelschmerz ade! Die freie Menstruation

So klein, und doch so stark! – Extreme Frühgeburt

So leben wir mit Endometriose – Hilfe für betroffene Frauen

Soloschläfer – Erholsamer Mutter-Kind-Schlaf ohne Mann

Still die Badewanne voll! Das freie Säugen

Stille Brüste – Das Fotobuch für die Stillzeit und danach

Tragekinder – Das Kindertragen Kindern erklärt

Und der Klapperstorch kommt doch! – Kinderwunsch

Und wenn du dich getröstet hast – Erinnerungsalbum

Unser Baby kommt zu Hause! – Hausgeburt

Unser Klapperstorch kugelt rum! – Schwangerschaft

Unsere kleine Schwester Nina – Babys erstes Jahr

Volle Hose – Einkoten bei Kindern

„Wenn der Krieg um 11 Uhr aus ist, seid ihr um 10 Uhr alle tot!" – KZ-Außenlager Obertraubling

editionriedenburg.at